『聞き書きマップ』で子どもを守る

科学が支える子どもの被害防止入門

原田 豊 編著

現代人文社

はじめに

　小さな子どもが犠牲になるいたましい事件が跡を絶ちません。未来を担う子どもたちの安全を、どうすれば守ることができるのか。本書は、この問いに対する、一つの新しい答えを提案するものです。

　私たちの提案の、もっとも新しい点は、それを今すぐ実行できる「道具」があることです。それが、『聞き書きマップ』という、私たちが開発したソフトウェアです。

　『聞き書きマップ』を使えば、これまで作るのがたいへんだった、地域の「安全点検地図」が、いとも簡単にできあがります。しかも、その地図は、誰もが納得できる科学的なデータとして記録されます。ですから、目的や用途に応じてさまざまに加工したり、何年にもわたって蓄積したり、立場の違う人々が話し合うための、共通の「議論の素材」にしたりすることができます。

　このような『聞き書きマップ』の特徴を上手に生かすことで、多くの関係者が力を合わせて、子どもたちの安全を守る取組みを、持続可能な形で進めることができるようになります。また、子どもたち自身も、『聞き書きマップ』を使った通学路の点検活動などを通して、地域を知り、地域の人々との絆を育み、地域の安全を守るために「自分たちに何ができるか」を体験的に学ぶことができます。

　本書を読んでいただければ、『聞き書きマップ』がどのような考え方に基づいて開発され、私たちの提案する「科学が支える子どもの被害防止」

のためにどのように役立つかが、わかっていただけると思います。

　本書は、全部で7つの章からできていますが、皆さんの興味のある章から読んでいただいてけっこうです。

　『聞き書きマップ』について、すでにある程度ご存知で、「とにかく使ってみたい」という方は、いきなり5章「『聞き書きマップ』を使ってみよう！」から読み始めていただいてもいいと思います。『聞き書きマップ』がどんなソフトウェアで、それを使って何ができるかを、今すぐご自身で試していただくことができます。

　子どもの見守りや地域安全などの活動に現に取り組まれている方なら、6章「取組み事例」が、きっとお役に立つと思います。この章では、さまざまな現場で子どもの安全のための活動を続けておられる5人の方々にお願いして、『聞き書きマップ』を活用した取組み事例について、ご自身の言葉で紹介していただきました。

　本書の執筆にあたって、私は、「短く、やさしく、ふつうの日本語で」書くことを心がけました。また、できるだけ、『聞き書きマップ』を実際に使った際の自分自身の体験やエピソードなどを交えて、わかりやすい説明をするように努めたつもりです。ぜひ、気軽に手に取って、ページを開いていただきたいと思います。

　子どもたちの安全ですこやかな成長を願うすべての方々にとって、本書が何らかの形でお役に立つことを願っています。

もくじ

はじめに……………… ii

第1部 『聞き書きマップ』ってなに？

1章 『聞き書きマップ』とは ……………………… 2

1 『聞き書きマップ』のしくみ……………………………… 2
- ❶ 歩いた経路・写真の撮影地点を自動的に記録　　　3
- ❷ 写真を選べば、録音もその時刻にジャンプ！　　　3
- ❸ データを印刷し、あとは手仕事で安全点検マップが完成　　4

2 『聞き書きマップ』は、どう役立つ？ ……………………… 5
- ❶ 子どもを守る「絆」の形成　　　6
- ❷ 身近な地域の環境改善　　　7

3 『聞き書きマップ』は、ここが違う！ ……………………… 8
- ❶ 確かな科学と技術の裏打ちがある　　　8

❷ 現場の省力化に役立つ　　　　　　　　　　　　　　8

❸ 安上がりである（とくに、維持経費がかからない）　　9

❹ これまでのやり方を、大きく変える必要がない　　　　10

❺ 現場に学び、進化を続ける　　　　　　　　　　　　10

2章 『聞き書きマップ』を支える科学 ……………12

① 予防のための犯罪学 ………………………………………12

❶ 犯罪研究の蓄積　　　　　　　　　　　　　　　　12

❷ 科学的根拠に基づく犯罪予防　　　　　　　　　　13

コラム！ スノウ医師の研究と復元された井戸　　　　17

② 空間情報科学と衛星測位 …………………………………19

❶ 地理情報システム（GIS）　　　　　　　　　　　　20

❷ 衛星測位　　　　　　　　　　　　　　　　　　　22

コラム！ 準天頂衛星システム　　　　　　　　　24

③ 研究成果を現場に届ける ……………………………… 25

❶ 研究成果の「社会実装」の要請　　　　　　　　　　25

❷「草の根型社会実装」の着想　　　　　　　　　　　26

コラム！ RISTEX『犯罪からの子どもの安全』研究開発領域　27

❸『聞き書きマップ』と「まちあるきセット」　　　　　28

❹ 社会に役立ち、社会とともにある研究をめざして　　28

3章 『聞き書きマップ』の防犯力 ························· 30

① 地域の環境改善の必要 ·· 30

② 客観的データで「的を絞った」対策が可能に ······················31

❶ 現状を知ることが出発点   31

コラム*!* 子どもと大人の体格差   32

❷ 危険性・緊急性の高い順に整理   33

③ 音声の記録で「その日・そのとき」以外のこともわかる ········· 37

❶ 地元の方の「語り」が大切   37

❷ 「別の日・別の時間」の情報も漏らさず記録   38

④ さまざまな地図に加工して共通理解を形成 ······················ 39

❶ 手作り地図とコンピュータ地図   39

❷ "QGIS" で本格的な地図作りも   40

❸ 全体像を把握し、「プロセス評価」につなげる   42

コラム*!* "QGIS" と KMZ 形式ファイル   43

⑤ 環境改善のための「多機関連携」の支援 ······························ 44

❶ 環境改善の取組みを連携のきっかけに   44

❷ 「これを放っておくわけにはいかない」   44

❸ 専門機関への引き継ぎが必要   46

❹ 地道な取組みの「見える化」で、好循環が生まれる   47

4章 『聞き書きマップ』の教育力 48

① 安全マップ作りの教育効果 48

② 情報機器を賢く使った安全教育 49

❶ 文部科学省のモデル事業での経験　49

❷ 地図作りの省力化のもたらす効果　51

コラム! 学校の先生方へのアンケートから　53

③ 時代を先取りした地理・GIS 教育 54

④ 基礎を鍛える情報教育 55

コラム! 小学校での取組みが「国土交通大臣賞」を受賞　56

⑤ 上手な活用で「主体的・対話的で深い学び」の機会に 57

❶ 地域の大人への「インタビュー」の記録から　58

❷「現場の発想」の大切さ　61

⑥ 有効活用のためのヒント 62

❶ すべてを情報技術でやろうとしない　62

コラム! つぶやきかた・インタビューの仕方　63

❷ 学校に「今ある」ものを使う　66

❸ 無理なく続け、「地域学習」につなげる　68

第**2**部 使ってみよう！

5章 『聞き書きマップ』を使ってみよう！ ……… 72

1 何を用意すればいいか …………………………………………… 72

❶ パソコン 73

❷ 『聞き書きマップ』のソフトウェア 73

コラム! 背景地図と WebGIS サイト 75

❸ まちあるきに持って行く「3 つの小道具」 76

コラム! スマートフォン版『聞き書きマップ』 78

2 まちあるきの手順 ………………………………………………… 79

❶ 出発前に、スイッチ ON 79

❷ シャッターを切って、つぶやく 80

❸ 戻ってきたら、スイッチ OFF 80

❹ パソコンにデータを取り込む 81

コラム! ピンときたら、即シャッター 82

3 サンプルデータで「聞き書き」にチャレンジ！ ………………… 83

❶ サンプルデータのダウンロードと読み込み 83

❷ 録音した音声の「聞き書き」作業 87

❸ 写真の拡大・大きい文字の使用 89

❹ 「メモの一覧」の利用 89

⑤「カード型一覧」の印刷　　　　　　　　　　　　90

⑥ 写真の一連番号付き地図の印刷　　　　　　　91

④ 地図の仕上げは手仕事で ………………………………………… 93

6章 取組み事例

柏市

小学校における『聞き書きマップ』づくり

吉田德子………… 96

和光市

多様な主体が協働するツールとしての『聞き書きマップ』

待鳥美光………… 106

浦安市

地域で取り組む自主防犯活動での活用

村瀬恵子…………117

厚木市

『聞き書きマップ』による安全マップづくりを実施して

上野 進………… 125

秩父市

『聞き書きマップ』で簡単・科学的に
安全なまちづくりを実現！

山田省吾…………131

7章 よりよい活用のために ················· 138

① 改善計画マップと問題解決マップ ·················· 138

❶ 最初のまちあるきで、地域の問題の「改善計画マップ」を作る　140

❷ 「改善計画マップ」に基づいて、問題解決の取組みを行う　141

❸ 一定期間後に再度まちあるきして、「問題解決マップ」を作る　141

❹ 改善状況を検討しながら継続する　141

② 「語り」の記録で、世代間をつなぐ ·················· 142

コラム! 「お宝」マップと「そっと直そう」マップ　143

❶ 無理なく漏れなく、語りを記録　144

❷ 世代間の役割分担で、後継者育成も　145

❸ 「地域の知」の収集・入力システムへ　146

③ 「子どもの被害防止ツールキット」をめざして ·················· 147

❶ QR コード対応版「危険なできごとカルテ」　148

❷ 「WebGIS サイト」　150

❸ 統合的運用で被害防止ツールを現場に届ける　151

④ 今こそ「科学の言葉」を共通語に ·················· 152

おわりに ·················· 154

1章　『聞き書きマップ』とは

『聞き書きマップ』を使ったまちあるきのイメージ

> 『聞き書きマップ』は、自主防犯活動などを行っている方々が、身近な地域の安全点検などのために行う「まちあるき」の記録を、手軽に作っていただけるようにするために私たちが開発した、パソコン用のソフトウェアです。本章では、『聞き書きマップ』がどのようなもので、どのようなことに役立つかを紹介します。

1 『聞き書きマップ』のしくみ

　『聞き書きマップ』は、防犯ボランティア活動や通学路の見守り活動などを行う方々のために私たちが開発した、やさしく使えるパソコン用の**地図作りソフトウェア**です。『聞き書きマップ』を使うことで、身近な地

域の安全点検地図を、驚くほど簡単に、しかも科学的なやり方で、作れるようになります。

これまでに安全点検地図作りを行った経験のある方なら、次のように感じられたことはないでしょうか。

- 地図作りに手間や時間がかかって、たいへんだった。
- まちあるきの日が悪天候で、現地でメモを取るのに苦労した。
- 作った地図がかさばりすぎ、保存や再利用が難しかった。

『聞き書きマップ』を使えば、このような悩みは一気に解消します。これまでの地図作りの問題点を、次のようなしくみで解決するからです。

❶▶ 歩いた経路・写真の撮影地点を自動的に記録

『聞き書きマップ』は、① GPS 受信機、② IC レコーダー、③デジタルカメラという、「3 つの小道具」と組み合わせて使います。安全点検まちあるきを行うとき、この 3 つを持って歩けば、歩いた経路は GPS 受信機が自動的に記録してくれます。また、写真を撮った場所も、GPS のデータを使って自動的に判定されます（図 1）。

❷▶ 写真を選べば、録音もその時刻にジャンプ！

まちあるきの際に気づいたことなどは、紙にメモする代わりに、IC レコーダーに声で録音します。まちあるきから戻った後に、まず『聞き書きマップ』に GPS 受信機・デジカメ・IC レコーダーのデータを取り込みます。そして、撮ってきた写真を選んで表示すれば、録音した音声も、その写真の撮影時刻まで自動的にジャンプします。その録音を「聞き」

1章　『聞き書きマップ』とは　3

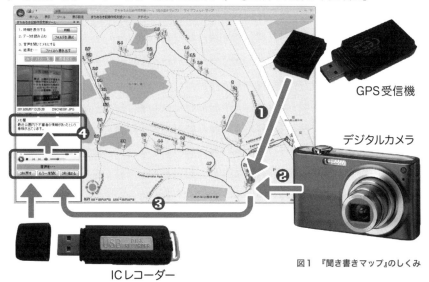

図1 『聞き書きマップ』のしくみ

ながら、要点をメモ欄に「書き」込んでいきます。こうすることで、まちあるきで気づいた点などを効率よくメモにまとめられるわけです。

3 データを印刷し、あとは手仕事で安全点検マップが完成

こうして作ったまちあるきの記録は、『聞き書きマップ』から、2つの形で簡単に印刷できます。1つめは、①まちあるきした経路・写真の撮影地点を示した地図、2つめは、②それらの写真や録音から書き起こしたメモをカード型にした一覧（5章の図18、91ページ）の形です。これらを使えば、これまでの地図作りとほとんど同じように、手仕事で安全点検地図を仕上げていくことができます（図2）。

このように、『聞き書きマップ』を使えば、身近な地域の安全点検地図作りの際にこれまで必要だった手間暇を、大きく減らすことができ、無

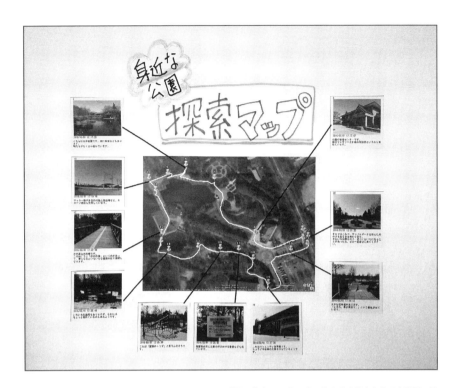

図2 『聞き書きマップ』で作った安全点検まちあるき地図の例

理なく続けられるようになるのです。

2 『聞き書きマップ』は、どう役立つ？

　『聞き書きマップ』の特徴は、地図作りの手間を減らせることだけではありません。「現地で録音された音声」や「正確な時刻や位置の情報」が記録できることで、単なる地図作りとは違った、さまざまな新しい使い方ができるようになります。たとえば、次のようなことです。

①　子どもを守る「絆」の形成

　『聞き書きマップ』は、少し練習すれば、小学４年生くらいの子どもたちでも、十分に使えます。実際、４章でも述べるように、子どもたち自身が『聞き書きマップ』による通学路の安全点検を実施した事例が、すでにいくつも生まれています。

　『聞き書きマップ』を使ったまちあるきを行い、その結果を安全点検地図にまとめていくことは、それ自体が、子どもたちにとって、身近な地域に潜む危険や、それを回避する方法を体験的に学ぶ、とてもよい機会になります。しかし、子どもたちが『聞き書きマップ』をうまく使うと、もう一つ、大切な効果が生まれます。

　それは、子どもたちと地域の大人たちとのコミュニケーションであり、それを通じた、お互いに「顔の見える」関係作りや、心の絆の形成です。実際、４章で紹介する文部科学省の学校安全モデル事業の際には、先生方のご指導もあって、まちあるきで出会った地元の方々に子どもたちが「インタビュー」しており、その様子も『聞き書きマップ』でデータになっています（４章、58・59ページをご覧ください）。現地で記録された、子どもと大人との肉声の会話の録音を聞き返していると、この活動を通じて、子どもたちと地域の方々との生き生きした対話が生まれ、心の絆が育まれていく過程が、ありありと感じ取れます。

　このような、身近な大人たちとの心の絆の形成は、子どもたちを犯罪の被害から守る力になると同時に、子どもたち自身が非行などの問題行動に陥ることを防ぐ力にもなることが知られています。２章でもう少し詳しく説明しますが、このような、周囲の人々との心の絆の形成は、近年の犯罪研究で「発達的犯罪予防」と呼ばれている考え方で、注目されているものなのです。

6　第１部　『聞き書きマップ』ってなに？

❷ 身近な地域の環境改善

『聞き書きマップ』の使い道は、子どもたちによる地図作りばかりでは
ありません。むしろ、学校の先生や保護者の方々、地域の防犯ボランティ
アの皆さんなど、子どもたちの安全を願う大人の方々にこそ、使っていた
だきたいと思います。子どもたちを犯罪や事故の危険から守るために
は、子どもたちにとって身近な地域の環境そのものを改善する取組みが
必要だと思うからです。

子どもたちが危険にあいにくい環境作りを進めるためには、大人たち
が力を合わせて取り組むことが大切です。身近な地域の「安全点検地図」
作りは、そのためのとてもよい方法の1つです。地域のどこに、どんな
問題があるかを、誰にでもわかりやすく「目に見える」形で示せるから
です。こうして、いつ・どこに・どのような危険や問題があるかが明ら
かになれば、とくに問題点の大きい場所や時間帯に的を絞った対策を取
ることができるようになります。

このように、犯罪の被害が起こりやすい「状況」に注目し、それに応
じた予防策を取ることを、近年の犯罪研究では「状況的犯罪予防」と呼
んでいます。これは、先に述べた「発達的犯罪予防」と並んで、犯罪予
防に関する近年の研究や実践で、いわば「車の両輪」のように、大切な
位置を占めている考え方です。

『聞き書きマップ』を使えば、このような、地域の環境改善のための地
図作りを、客観的なデータに基づいて、お金や手間暇をかけずに行うこ
とができます。そこで、次に、『聞き書きマップ』を使った地図作りは、
これまでの地図作りと比べてどのような特徴があるのかを、説明したい
と思います。

1章　『聞き書きマップ』とは　　7

③ 『聞き書きマップ』は、ここが違う!

　身近な地域の安全点検地図作りは、これまでにも各地で行われています。しかし、『聞き書きマップ』には、いくつか、これまでの地図作りにはなかった、新しい特徴があります。たとえば、次のような点です。

①▶ 確かな科学と技術の裏打ちがある

　『聞き書きマップ』の大きな特徴の一つは、確かな科学と技術がその裏打ちになっていることです。2章でも説明しますが、私は国立の研究機関である科学警察研究所で40年近く犯罪問題の研究に携わってきた研究者です。「地理情報システム」を用いた犯罪の地理的分析を、わが国に最初に導入した一人でもあります。『聞き書きマップ』は、こうした私自身の知識や経験と、今日の新しい空間情報科学や衛星測位技術などの成果に基づいて開発したものなのです。

②▶ 現場の省力化に役立つ

　地図作りの「省力化」に役立つことも、『聞き書きマップ』の大切な特徴の一つです。

　先にも述べたように、これまでの地図作りでは、手間や時間がかかりすぎることが大問題でした。そのため、「一度は安全点検地図を作ったけれど、その後何年も更新できていない」という話も、よく耳にします。

　しかし、地域の安全点検のために作られる地図は、日々変わっていく地域の「今」を反映したものでなければ、本来の目的を果たせないと思います。『聞き書きマップ』を使えば、まちあるきから地図作りまでの作業すべてが、驚くほど簡単に、短時間でできるようになります。そのこ

8　第1部　『聞き書きマップ』ってなに?

とで、地域の安全点検を、短い間隔で繰り返し、長く続けることが可能になるのです。

③ 安上がりである（とくに、維持経費がかからない）

「安上がりであること」は、言うまでもなく、防犯ボランティアや学校の先生・PTA の方々に使っていただくための、必要不可欠な条件です。これを実現するために、『聞き書きマップ』は、できるかぎり特殊な機器を使うことを避け、ふつうのパソコンやデジタルカメラと、数千円で市販されている GPS 受信機・IC レコーダーとを組み合わせて使う設計にしてあります。また、スマートフォンで使えるバージョンも現在開発中で、この本が皆さんのお手元に届くころには、その最初のバージョンが公開されていると思います。

ただ、スマートフォンの一つの問題点は、維持経費がかさむことです。スマートフォンをすでにお使いの方にとっては、これは問題にならないかもしれません。しかし、たとえば小中学校で通学路の安全点検などのために使うような場合を考えると、まとまった個数のスマートフォンを新たに購入する費用や、それを維持していく費用を、誰がどのように負担するのかが大問題になってしまいます。

ですから、私たちは、学校現場などに「今ある」パソコン（その 95％以上はウィンドウズ系のパソコンです）と、「消耗品」として購入でき、維持経費の心配もいらない、安価な機器とを組み合わせるという、今のやり方を考え出したのです。「消耗品」であれば、たとえば市役所などがそれを購入して、取組みの現場に無料で貸し出す（「防犯パトロールベスト」などと同じように）することも可能になります。こうすることで、取組みの現場には一切お金の負担がかからないようにすることが、『聞き書きマップ』のあるべき姿だと考えています。

1章　『聞き書きマップ』とは　　9

④ これまでのやり方を、大きく変える必要がない

　「これまでの地図作りのやり方を、なるべく変えない」ことも、『聞き書きマップ』の開発にあたって、私たちが大切にしてきた点です。安全点検地図作りは、すでに多くの地域で、大勢の方々が続けてこられた活動です。その実績を無視して、まったく新しいやり方を提案しても、受け入れていただくことはできないと思います。むしろ、これまでのやり方に学び、その良いところをどんどん取り入れて、変えるところは最小限にとどめるべきだと考えています。

　同じ意味で、「すべてを情報技術でやろうとしない」ことも、『聞き書きマップ』の大切な特徴の一つです。5章で説明するように、『聞き書きマップ』は、まちあるきのデータをパソコンに取り込んだら、すぐにそれを紙に印刷し、あとはすべて手作業で地図作りをすることも可能な設計になっています。そのほうが、これまでの地図作りのやり方を「なるべく変えない」ですみますし、何より、みんなで手分けして作業しながら自由に「話し合う」という、とても大切なことが、自然にできるようになるからです。何でもかんでも情報技術で解決しようとすると、こういう自然な話し合いや、それに基づく合意作りが、かえって邪魔されてしまうことになりかねません。それではいけないと、私たちは考えるのです。

⑤ 現場に学び、進化を続ける

　『聞き書きマップ』の最初のバージョンができたのは、2011年のことです。それからすでに2回の大きなバージョンアップをして、現在は「バージョン3」になっています。このように、常に進化を続けていることも、『聞き書きマップ』の大きな特徴の一つです。

『聞き書きマップ』の最初のバージョンを公開してから今まで、私たちは、「現場に学び、現場で鍛える」ことで、『聞き書きマップ』を実用品へと育て上げたいと願ってきました。この願いは、現在の「バージョン3」で、かなり実現に近づいたと思っています。

　しかし、まだこれで十分だとは言えません。これからも、さらなる進化が必要です。先に述べた、スマートフォン対応版の開発もその一つです。また、2018 年に「4 機体制」による本格運用が始まる、わが国の「準天頂衛星システム」（2 章のコラム、24 ページ）に対応することも、ぜひとも実現したい課題です。

．．

　本章では、『聞き書きマップ』がどのようなもので、どのようなことに役立つかについて、大まかに説明しました。次章では、『聞き書きマップ』の裏打ちとなっている科学や技術がどのようなものかについて、もう少し詳しく説明します。

2章 『聞き書きマップ』を支える科学

犯罪密度地図の三次元表示

> 『聞き書きマップ』の大きな特徴は、確かな科学と技術がその裏打ちとなっていることです。本章では、『聞き書きマップ』の基盤となっているこれらの科学・技術がどのようなものかについて説明します。

1 予防のための犯罪学

❶ 犯罪研究の蓄積

　『聞き書きマップ』の開発を始めたとき、私は科学警察研究所の犯罪行

動科学部長という立場でした。科学警察研究所は、警察庁に付属する国立試験研究機関です。私は、この研究所で「犯罪予防研究室長」を長く務め、一貫して、犯罪の未然防止のための研究を行ってきました。また、1986年から1988年までの2年間、アメリカのペンシルベニア大学の「犯罪学・刑法研究所」に留学し、同大学で犯罪学の博士号を取得し、その後も、アメリカ犯罪学会をはじめとする犯罪関係の国際学会にほぼ毎年参加して、欧米の最新の犯罪学の勉強を続けています。『聞き書きマップ』は、このような私の犯罪研究の蓄積を踏まえて開発したものなのです。

❷ 科学的根拠に基づく犯罪予防

欧米の今日の犯罪学では、「科学的根拠に基づく犯罪予防」(evidence-based crime prevention) という考え方が主流になっています。これは、「こうすれば、こうなるはずだ」といった思い込みや、おざなりな方法で行われた「調査」結果などに基づくのではなく、厳密に科学的な方法で実施された研究の知見に基づいて、効果的で効率的な犯罪予防を行おうとするものです。

この「科学的根拠に基づく犯罪予防」の第一人者であるケンブリッジ大学のローレンス・シャーマン教授が、次のように述べています。

「警察力を増強することで犯罪が防止できるどうかは、追加した警察力がどれほど特定の対象者・任務・場所・時間・人々に焦点を絞れたかにかかっている」。

つまり、犯罪の防止のためには、「的を絞った」対策こそが効果的だというのです。

では、どのようにすれば、「的を絞った」犯罪対策ができるようになるのでしょうか。私は、病気の研究、とくに、公衆衛生学と呼ばれる分野

2章　『聞き書きマップ』を支える科学　13

の研究のなかに、そのヒントがあると考えています。そこで、次に、これらの考え方について、2つの例を取って説明します。

⑴　生活習慣病の研究と「発達的犯罪予防」

⒤　考え方

　第1の例は、いわゆる「生活習慣病」と呼ばれる、糖尿病や脳梗塞などの病気に関する研究です。これらの病気は、何か特定の「病原体」（食中毒を起こす「ボツリヌス菌」など）によって引き起こされるわけではありません。肥満や高血圧、高脂血症などの「危険因子」（リスクファクタ）によって、長い期間にわたって徐々に体への悪影響が蓄積されていき、あるときそれが病気の「症状」として現れるのです。

　犯罪や非行にも、これとよく似た面があります。犯罪を引き起こす「犯罪バクテリア」や、「非行ウィルス」が存在するとは、まず考えられないでしょう。多くの場合、家庭の問題や学校への不適応など、小さい子どものころからのいろいろな問題がしだいに積み重なって、やがてそれらが非行や犯罪という「症状」となって現れると考えるのが自然ではないでしょうか。

　犯罪や非行をこのようなものだと捉え、その防止のために、子どもの成長発達の段階に応じた適切な支援などを行うことによって、犯罪や非行の「発症」を防ごうという考え方が、近年、欧米の犯罪学者を中心に、多くの研究者に支持されています。このような考え方は、「**発達的犯罪予防**」（developmental crime prevention）と呼ばれています。

ⅱ　対策

　発達的犯罪予防の考え方に立つ研究者がとくに注目するのが、まさに上記の生活習慣病の場合と同じ、「危険因子」（リスクファクタ）です。放置すれば犯罪や非行を引き起こす恐れのある危険因子を明らかにするこ

とによって、早いうちに「的を絞った」対処が可能になるからです。

　この「危険因子」と逆の働きをする「防御因子」（プロテクティブファクタ）も、発達的犯罪予防にとって、とても大切な意味を持つものです。糖尿病になりやすい体質の人でも、適度な運動や食生活の改善などによって、病気の発症を防ぐことができるのと同じように、犯罪や非行の「危険因子」をもつ人でも、その働きを抑制する「防御因子」を強化することで、犯罪や非行の「発症」の危険を減らすことができるからです。

　犯罪や非行の「防御因子」として、成長の段階に応じた、周囲の人たちとの「絆」の形成が重要であることが、発達的犯罪予防の観点に立つ優れた実証研究によって、明らかになっています。心の通う「あの人」や「この人」の存在が、人生の道に迷いそうになったとき、いわば「命綱」のように、人を正しい道へと引き戻す力になるというのです。

　『聞き書きマップ』を学校教育の現場などで使ってみると、子どもたちがお互いに協力しながらまちあるきや地図作りをしたり、まちあるきで出会った人に「インタビュー」したりすることを通じて、周囲の友だちや地域の大人などとの会話が生まれ、相互の絆が形作られていくことが感じられます。これは、発達的犯罪予防の観点から、たいへん意義深いことだと思います。

⑵　伝染病の研究と「状況的犯罪予防」

⒤　考え方

　第2の例は、コレラやペストなどの恐ろしい伝染病に関する研究です。こうした伝染病は、今日では、「コレラ菌」や「ペスト菌」などの病原体で起こることが知られていますが、今から150年くらい前までは、そのような病原体はまだ発見されていませんでした。そんな時代に、イギリスのロンドン市内で発生したコレラの大流行を終息させた、有名な研究があります。ジョン・スノウという医師が行った、地図を使って病

図1　スノウ医師によるコレラの死者と井戸の所在地との分布地図
出典: UCLA Department of Epidemiology, "High Resolution Maps of John Snow"
(http://www.ph.ucla.edu/epi/snow/highressnowmap.html)

気の分布状況を明らかにした研究です。

　スノウ医師は、当時ロンドン市内でも有名なスラム街だった「ソーホー」という地区（今では再開発されておしゃれな観光スポットになっています）で、コレラによる死者の居住地と、その地区内の井戸の所在地を重ねあわせた地図を作成し、これを点検することで、ある1つの井戸の周囲を取り巻くように、死者が分布していることを見出しました（図1）。この結果に基づいて、その中心にあった井戸を封鎖したことで、その時のコレラの大流行は終息に向かいました。

　繰り返しになりますが、スノウ医師がこの研究を発表した1854年は、コレラ菌がドイツのコッホ博士によって発見された年よりも、約30年も前に当たります。それでも、病気の分布状況を地図で示すことによって、それと関係の深い（と思われる）井戸の存在を突き止めることができたのです。

スノウ医師の研究と復元された井戸

　スノウ医師によるこの研究は、今日の公衆衛生学の礎となった研究であると高く評価されています。実際、スノウ医師が封鎖したこの井戸の模型が、その所在地だったソーホー地区の一角に復元されており、私も、2013年にイギリスを訪れた際に、ここに立ち寄りました。

復元された井戸の模型
(Broadwick StreetとLexington Streetとの交差点)

⑾ 対策

　このように、伝染病が広まるときには、それを媒介したり、感染の危険を高くしたりする「もの」や「状況」があることが、今では広く知られています。たとえば、マラリアという熱病はハマダラカという蚊が媒介します。マラリアの感染を直接防ぐワクチンは最近日本で研究が進んでいるそうですが、まだ実用化には至っていないようです。それでも、「蚊に刺されない」対策を取ることで、マラリアへの感染の危険を大きく減らすことができます。もっと身近な例としては、インフルエンザへの感染を防ぐために、冬場の人混みを避けたり、手洗い・うがいを励行したりすることも、広く行われています。

　これらの伝染病対策は、どれも、病気の原因となる微生物やウイルスなどを直接除去するものではありません。それらが周囲に存在していたとしても、「感染の機会」を減らすことによって、病気になるのを防ぐことができるのです。

　犯罪被害の防止についても、これとよく似た考え方があります。「**状況的犯罪予防**」（situational crime prevention）と呼ばれているものです。その根底にあるのは、「機会が犯罪を生む」（opportunity makes crime）という考え方です。たとえ犯罪や非行そのものを根絶することができなくても、犯罪や非行を行いにくい「状況」を維持することができれば、結果として犯罪の被害を減らすことができるという考え方です。

　『聞き書きマップ』は、このような「状況的犯罪予防」の取組みを無理なく続けていくために、大いに役立ちます。とくに大切なことは、『聞き書きマップ』を使うことで、これまでは実態や効果の見えにくかった、地域の地道な被害防止の取組みそのものが、わかりやすい地図の形で「見える化」できることです。しかも、その地図は、次に述べる「地理情報システム」や「衛星測位」の技術で作られますから、誰もが納得できる客観性を備えています。この客観性や科学性は、安全点検パトロールな

どで、万一大きな危険が見つかったような場合に、しかるべき専門機関にそれを知らせ、対応を委ねるための、大きな助けにもなります。「どこで」「いつ」そのような危険が見つかったのかを正確に示し、専門機関による「的を絞った」適切な対処につなげることができるからです。

このように、『聞き書きマップ』は、「科学的根拠に基づく犯罪予防」や「発達的犯罪予防」「状況的犯罪予防」など、私がこれまで続けてきた犯罪被害の予防のための研究の成果に、しっかりと裏打ちされたものなのです。

② 空間情報科学と衛星測位

『聞き書きマップ』を支えるもう一つの基盤は、「空間情報科学」です。

世の中に存在する「もの」や、発生する「できごと」などについて考えるとき、それらが「どこに」あるのか、「どこで」発生したのかについての情報が大切になることがあります。たとえば、巨大な台風が、海の上を進んでいても、町で暮らす人々にはあまり大きな影響はないでしょう。しかし、その台風が上陸し、町の真上を通過したら、大災害となるかもしれません。つまり、台風の被害について考えるときには、台風自体の強さや大きさだけでなく、それが「どこを」通るのかという情報が、きわめて大切になるのです。

このような「位置」の情報を含むデータは、「**地理空間データ**」と呼ばれています。「空間情報科学」とは、このような地理空間データの扱い方や実生活への応用方法などを研究する学問分野です。最近広く普及しているスマートフォンの地図アプリなども、空間情報科学の成果を実生活に応用した一例です。

空間情報科学を基盤とするさまざまな技術のうち、『聞き書きマップ』ととくに関係が深いものは、「地理情報システム（GIS）」と「衛星測位」

2章 『聞き書きマップ』を支える科学 19

の2つです。そこで、次に、これらについて説明します。

❶ 地理情報システム（GIS）

⑴ GISとは

「地理情報システム」（Geographic Information Systems: GIS）とは、大まかに言えば、これまで印刷物として使われてきた「地図」の情報を、「地理空間データ」としてコンピュータに登録し、さまざまな加工や分析ができるようにしたシステムのことです。以前は、GISソフトウェアは何十万円もする高価なものでしたが、今日では、誰でも無料で使える本格的なソフトウェアも普及しはじめ、昔とは比べ物にならないほど手軽に使えるようになってきました。

『聞き書きマップ』も、このような無料のGISソフトウェアの1つである、"ArcGIS Explorer Desktop" をもとに、このソフトウェアに新しい機能を追加する「アドイン」と呼ばれるプログラムとして開発されたものです。ですから、『聞き書きマップ』で記録されたデータは、"ArcGIS Explorer Desktop" の本来の機能を用いて、スマートフォンの地図アプリなどと同じように、自由に拡大・縮小表示したり、紙に印刷したりすることができます。

⑵ 無料の背景地図を使用

また、『聞き書きマップ』の画面に、まちあるきの経路や写真の撮影地点などのデータとともに表示される「背景地図」は、インターネットから自動的に読み込まれ、基本的に無料で使うことができます。背景地図の種類も用途に応じて選ぶことができ、とくに、「オープンストリートマップ」や衛星画像などは、事前の登録なども不要で、とても便利です。

『聞き書きマップ』を使えば、安全点検まちあるきなどの記録を、とて

20 　第1部　『聞き書きマップ』ってなに？

図2 「地理空間データ」で保存し、自由に再利用

も簡単に「地理空間データ」として保存できます。それによって、たとえば、一度のまちあるきで記録したデータを、さまざまな形に加工したり、コンピュータに蓄積して再利用したりすることができます。たとえば、壁一面の大きな地図も、町内会に配るチラシの地図も、一つのデータから自由に作ることができます。これは、紙に手描きしたこれまでの地図ではできなかったことです（図2）。

逆に、『聞き書きマップ』で記録したまちあるきなどのデータが、インターネットなどへ勝手に送られることはありません。ですから、知らないうちに情報が流出する心配はご無用です。

(3) 客観的な情報として記録

『聞き書きマップ』で作られる地理空間データが、「客観的」な情報であることも、とても大切な点です。手描きの地図は、うまく作ればとても見やすく、魅力的なものですが、そこに描かれた内容がどれだけ正確なのかを保証することができません。『聞き書きマップ』のデータは、次に述べる「衛星測位」技術によって得られた正確な時刻や位置の情報に基づいて作られるので、誰が見ても納得できる客観性を備えています。このことは、立場や考え方の違うさまざまな人々が「ともに考える」た

2章 『聞き書きマップ』を支える科学　21

めの素材として、きわめて重要な特徴です。難しい事件の裁判で、科学的な証拠が判決の決め手になるのと似ていると思います。

このように、『聞き書きマップ』は、今日のGIS技術を基盤とすることで、紙だけによる地図作りよりもはるかに手早く、客観性の高い地図作りを可能にします。また、一つのデータを「使い回す」ことで、目的に応じたさまざまな地図を、同じデータから簡単に作ることもできるのです。

❷ 衛星測位

「衛星測位」とは、専用の人工衛星から送信された電波を受信することで位置を測るしくみのことです。携帯電話やスマートフォンなどに組み込まれている「GPS」が、その代表的なものです。

GPSなどの衛星測位技術が普及したことによって、写真の撮影場所をコンピュータやスマートフォンの地図上に表示することが、簡単にできるようになりました。そればかりでなく、まちあるきなどで歩いた経路も、自動的に記録することができます。しかも、衛星測位で記録された情報には、その地点にいた時刻の正確な情報も含まれています。ですから、GPSなどの受信機を持って歩き、写真を撮るだけで、1枚1枚の写真が「いつ」「どこで」撮られたのかを、客観的なデータとして示すことができるのです（図3）。

『聞き書きマップ』は、この衛星測位技術をフルに活用しています。それによって、誰でも確実に、まちあるきの経路や写真の撮影地点を記録できるようにしたのです。

ただ、現在のGPSには、よく知られた欠点があります。大都市のビル街などで、GPSの衛星からの電波が建物に邪魔されたり、壁で反射されたりして、場合によっては位置を正しく測れなくなることがあるので

図3 人工衛星からの電波で、位置がわかる！

す。これは、『聞き書きマップ』にとって、たいへん困った問題です。犯罪問題がもっとも切実なのは大都市であるのに、そこでの安全点検で、正しいデータが取れなくなるおそれがあるからです。

　この問題を解決する助けとして、私たちが今もっとも期待しているのが、「日本版GPS」とも呼ばれる「準天頂衛星システム」です。2018年度には、この新たな、わが国の衛星測位システムの本格運用が始まります。それによって、大都市や山間部などでも、これまで以上に安定した、高精度の測位ができるようになると期待されています。

　『聞き書きマップ』も、この準天頂衛星システムに対応できるよう、現在、鋭意準備を進めています。そのための新たな受信機の試作に向けた取組みにも着手しました。近い将来、ぜひとも準天頂衛星システム対応版『聞き書きマップ』を完成させ、全国どのような地域でも、安心して使っていただけるようにしたいと思っています。

準天頂衛星システム

　人工衛星からの電波で位置を計測するシステムは「衛星測位システム」と呼ばれており、スマートフォンなどで使われている「GPS」もその一種です。わが国では、「準天頂軌道」という独自の軌道で飛ぶ衛星が主体となって構成される「準天頂衛星システム」の整備が進められています。2017年度中にその衛星の打ち上げが完了し、2018年度から24時間の本格運用が開始される予定です。

　準天頂衛星システムによって、これまでのGPSの欠点だった大都市のビル街などでの測位の精度が向上し、衛星測位の応用範囲が一段と広がることが期待されています。

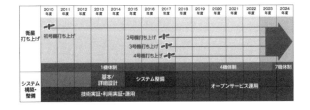

内閣府宇宙開発戦略推進事務局「みちびき（準天頂衛星システム）」公式サイトから
(http://qzss.go.jp/overview/services/sv01_what.html)

③ 研究成果を現場に届ける

　これまでの説明で、『聞き書きマップ』が、科学警察研究所で私が携わってきた犯罪研究や、最新の空間情報科学の成果など、確かな科学と技術に支えられたものであることが、わかっていただけたと思います。しかし、それだけではありません。『聞き書きマップ』は、「研究の成果を現場に届ける」という、もう一つの私たちの挑戦から生まれたものでもあるのです。どんなに優れた研究でも、さまざまな制約に縛られた実践の現場を理解し、その「身の丈」に合った成果を提供できない限り、現状を改善する力にはならないとの思いから続けてきた挑戦です。

❶ 研究成果の「社会実装」の要請

　今日、科学的な研究を行う者に対しては、その成果を社会に還元し、実践の現場に「実装」する（実用品として使っていただけるようにする）ことが、従来にも増して求められています。私たちが『聞き書きマップ』を開発するきっかけとなった RISTEX『犯罪からの子どもの安全』研究開発領域（本章のコラム、27 ページ）でも、研究開始当初から、論文を書くだけではなく、結果を社会に還元するところまでが活動の範囲だと言われてきました。

　しかし、現実には、これは容易なことではありません。最大の問題は、現場の実践には「終わりがない」ということです。

　学術的な研究活動は、①研究費の申請→②研究の実施→③成果の発表→④次の研究費の申請……という流れで行われます。ですから、申請の段階で申告した「研究期間」が過ぎれば、終了するのが普通です。それに伴って、経費も人手も途絶えてしまいます。そうならないように、「次の研究費」を申請するのですが、それが必ず取れるとは限りません。次

2 章　『聞き書きマップ』を支える科学　25

の研究費の獲得に失敗した結果、（たいてい年度の変わり目である４月１日に）それまで研究成果を公開していたホームページなどの運用が止まってしまう例も、何度も目にしました。これでは、現場で日々の実践に取り組む方々にとって「ハシゴ外し」になりかねないと思います。

②▶「草の根型社会実装」の着想

　この問題を本気で解決するためには、研究者自身がベンチャービジネスを立ち上げる覚悟が必要だと思います。しかし、私たちにとって、本格的な「ビジネス立ち上げ型」の社会実装をめざすことは、ほとんど不可能でした。研究成果を届けたいと考える「実践の現場」が、防犯ボランティアや学校教育現場など、予算があまり自由にならないところばかりだったからです。

　悩んだあげくにたどり着いたのが、「草の根型社会実装」という考え方でした。次ページのコラムで紹介するRISTEXの共同研究プロジェクトの成果物のうち、利用する側にとっても、提供する側にとっても、もっとも費用のかからないものだけを選び出しました。そして、それを提供する研究成果公開サイトを維持することだけを、当座の必須業務と考えることにしたのです。そうすることで、草の根の研究活動から草の根の実践の場に、最小限の研究成果を提供し続けられるかもしれないと考えました。

　また、こうして提供する成果物は、防犯活動の支援ばかりでなく、できるだけ幅広い応用の可能性のあるものが望ましいとも考えました。それによって「市場規模」が大きくなれば、成果物公開サイトの維持や更新に必要な経費を、研究費に依存せずにまかなえる可能性が生まれると思ったからです。

26　第１部　『聞き書きマップ』ってなに？

コラム！
RISTEX『犯罪からの子どもの安全』研究開発領域

　『犯罪からの子どもの安全』研究開発領域は、科学技術振興機構（JST）の下部組織である「社会技術研究開発センター（RISTEX）」によって2007年度から2012年度まで実施された、全部で13のプロジェクトからなる共同研究です。

　私たちは、この研究開発領域のプロジェクトの一つである「子どもの被害の測定と防犯活動の実証的基盤の確立」に取り組み、『聞き書きマップ』を含む防犯活動支援ツールの開発や、これらを用いるための手引き書やマニュアル類の作成などを行いました。プロジェクトの終了後も、その成果の「社会実装」の実現をめざした取組みを続けています。

『犯罪からの子どもの安全』研究開発領域のウェブサイトから
(http://ristex.jst.go.jp/anzen-kodomo/introduct/index.html)

2章　『聞き書きマップ』を支える科学

❸ 『聞き書きマップ』と「まちあるきセット」

　私たちがそうした存続の可能性を託したのが、ほかならぬ『聞き書き
マップ』でした。『聞き書きマップ』は、このようなギリギリの選択の結
果、私たちの「草の根型社会実装」の取組みのシンボルとして、生き延
びてきたのです。

　幸い、上記の RISTEX プロジェクトの終了の 1 年後から、新たな研究
費が得られたため、『聞き書きマップ』も少しずつ改良を重ねることがで
き、私たちの研究成果公開サイト（http://www.skre.jp/）も、今では累積
の訪問者が約 11 万を数えるまでになりました。また、後の章でも紹介
するように、『聞き書きマップ』は、当初の「防犯まちあるき支援ツー
ル」としての使われ方ばかりでなく、多種多様な分野でのフィールドワー
ク（野外調査）で活用されはじめています。

　とはいえ、今もまだ、研究費頼みの「自転車操業」状態であることに
変わりありません。そこで、現在、『聞き書きマップ』とその関連用品を
1 つにまとめた「まちあるきセット」のようなものを作ることを考えて
います。それを行政などに消耗品として調達していただき、自主防犯活
動などの現場に無償貸与していただくことが可能になれば、「研究費」に
依存しない形で必要経費を回すしくみができるかもしれないと期待して
います。

❹ 社会に役立ち、社会とともにある研究をめざして

　これまで、子どもの被害防止の問題に関しては、学会などでしきりに
議論される「研究」の内容と、実際に現場で実施されている（または実施
が可能な）「実践」の内容との間に、少なからぬギャップがあったように

思います。その結果、研究者の側では、せっかくの提案が現場になかなか受け入れていただけないという無力感が生まれ、実践の側では、地道な現場の取組みに対して十分な評価や手応えが感じられないとか、(研究者を含め)いろいろな人がいろいろなことを言うので、誰を信じていいのかわからないといった迷いが生まれていたように思います。

　私たちがめざしているのは、このような状況を乗り越え、子どもの犯罪被害の防止に関する「研究」と「実践」との間をつなぐ、一つの新しい橋を架けることです。

　私たちの取組みは、まだまだ発展途上です。しかし、一度は頓挫しかかった「子どもの被害の測定と防犯活動の実証的基盤の確立」プロジェクトの成果の「社会実装」への道を、5年余りにわたって探り続けるなかで、少しずつ手応えも感じはじめています。『聞き書きマップ』に期待してくださり、励まし続けてくださる方々の存在が、今の私たちにとって何より大きな力になっていると感じています。

　　　　　……………………………………………………………………………

　本章では、『聞き書きマップ』の支えとなっている科学・技術的基盤について説明し、あわせて、『聞き書きマップ』が、私たちのめざす「社会に役立ち、社会とともにある研究」の試みのシンボルであることを述べました。次章では、『聞き書きマップ』が子どもの被害防止のためにどのような力を発揮するかについて、さらに具体的に述べていきます。

2章　『聞き書きマップ』を支える科学　29

3章 『聞き書きマップ』の防犯力

『聞き書きマップ』で改善計画作り

『聞き書きマップ』は、地域の安全を守る取組みに、どのように役立つのでしょうか。本章では、このことについて、私たちが取組みの現場で体験したエピソードなども交えて説明します。

1 地域の環境改善の必要

　事件や事故にあわないためには、子どもたち自身が「自分の身を守る」力をもつことが大切だとよく言われます。たしかにそのとおりだと私も思います。けれども、同時に、小さな子どもはとても弱い存在なのだということも、忘れてはならないと思うのです。

次ページの「コラム」をご覧ください。小学1年生と大人の男性との体格の違いは、ふつうの日本人とヒグマとの違いくらい大きいのです。どんな知識や技を学んでいても、素手でヒグマと戦って勝てる人がいるでしょうか？

　では、勝てるはずのない相手から身を守るには、どうするのでしょうか？　いちばんいい方法は、そんな相手と「出会わない」ようにすることです。だから、柵を作ったり、「熊に注意！」の看板を立てたり、猟師さんたちがパトロールをしたりするのです。

　事件や事故を減らすためにも、これと同じ考え方が大切です。危険と「出会わない」ように、子どもたちにとって身近な環境を改善するのです。これは、2章で説明した「状況的犯罪予防」に通じる考え方です。

② 客観的データで「的を絞った」対策が可能に

❶ 現状を知ることが出発点

　環境を改善すると言っても、いったい、どこをどのように改善するのでしょうか？　それを考えるためには、まず「現状がどうなっているか」を知らなければなりません。『聞き書きマップ』は、このような「地域の現状を知る」取組みのために、大いに役立ちます。

　2章でも述べたように、「状況的犯罪予防」の取組みを効果的に進めるためには、いつ・どこが・どのように問題なのかを、具体的に明らかにすることが大切です。『聞き書きマップ』は、GPSの情報を使って、安全点検まちあるきなどの活動を、客観的な「地理空間データ」として記録しますから、現地で写した1枚1枚の写真や、録音した音声が、「いつ・どこで」記録されたものなのかを、客観的情報として示すことができます。

3章　『聞き書きマップ』の防犯力　31

子どもと大人の体格差

　文部科学省の統計によれば、小学1年生の平均身長は約117cm、体重は約21kgだそうです。一方、厚生労働省の統計によれば、30代の男性の平均身長は約172cm、体重は68kg程度だそうです。この違いを比率で示すと、身長で約1.5倍、体重で約3.2倍になります。この比率は、日本人の成人男性と、ヒグマ（若干痩せ気味の）との体格差と、ほぼ同じくらいです。

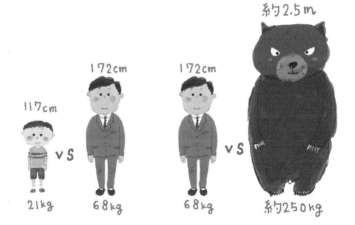

②　危険性・緊急性の高い順に整理

(1)　データ印刷機能を活用

　『聞き書きマップ』を実際に使ってみるとすぐわかるのですが、1時間程度のまちあるきで撮影した写真の数は、軽く50～60枚くらいになります。これだけの数の「問題」すべてを一度に解決するのは、とうてい無理な話です。ですから、そのうちとくに危険性や緊急性の高いものはどれなのかを、みんなで考えることがとても大切になります。

　『聞き書きマップ』には、そのための便利な機能が備わっています。その機能とは、（意外にも？）データの印刷機能です。何十枚もの写真やメモを見比べながら、皆で意見を出し合って重要なものを選び出したり、内容に応じて分類したりする作業は、実は、紙のカードなどを使って行うのが、いちばん効率的なのです。

　『聞き書きマップ』で記録したデータは、このような作業に便利な「カード型一覧」として印刷できます（図1）。A4判の紙に印刷した「カード型一覧」をハサミで切り分ければ、それぞれの写真・メモ入りのカードを、グループでの話し合いの素材として使うことができるのです。

　この「カード型一覧」のそれぞれのカードには、その左肩に、写真の一連番号が印刷されています。この番号は、『聞き書きマップ』の画面に表示された地図のなかの、写真の撮影位置を示すピンの番号に対応しています。この地図も『聞き書きマップ』から簡単に印刷することができます（図2）。

　このように、『聞き書きマップ』のデータを「**カード型一覧**」と「**まちあるき経路・撮影地点一連番号入り地図**」の形で印刷すれば、あとはコンピュータなどを使う必要はありません。1枚1枚に切り離した写真入りのカードを自由に分類したり、必要に応じて手書きのメモを追加したり、優先度に応じて取捨選択したりすることが、これまでの地図作りと

C:¥Users¥harada.PREV¥Desktop¥サンプルデータ

この公園には、あちこちにこんなかわいい彫刻があります。

公園の管理センターです。
緑のギャラリーとか緑の相談所というのも兼ねています。

西洋庭園です。
今はバラが養生中ですが、5月にはとてもきれいなバラ園になります。

こちらは日本庭園です。奥に茶室などもあります。
鴨たちがたくさん遊んでいます。

(2/6)

図1　カード型一覧

同じようにできるのです。

⑵　地図作りで話し合いの結果を集約

　これまでと1つだけ違うことは、『聞き書きマップ』から印刷した地図には、GPS受信機で記録したまちあるきの経路と、写真の撮影地点を示す一連番号付きのピンとが、自動的に表示されていることです。大きい紙にこの地図を貼り、その周りに写真カードを並べて貼って、それらの

図2　まちあるき経路・撮影地点一連番号入り地図

カードと地図上のピンのうち、同じ番号のものどうしを線で結べば、まちあるきの記録をわかりやすく示した地図が、いとも簡単にできあがります。

このとき、地図の周りに貼る写真カードを、グループでの話し合いで優先順位が高かったものに限定したり、問題の種類や、その解決を誰が中心となって進めるのかなどに応じて、カードの縁をマーカーで塗り分けたりしていけば、地図を仕上げていく作業が、そのまま、地域の環境改善のためのグループでの話し合いの結果をまとめあげる作業にもなります（図3）。

信頼できる客観的なデータに基づいて、このように問題の「優先順位付け」を行うことで、「的を絞った対策」が初めて可能になるのです。これは、実効性のある環境改善の取組みのために、きわめて重要なことだと思います。

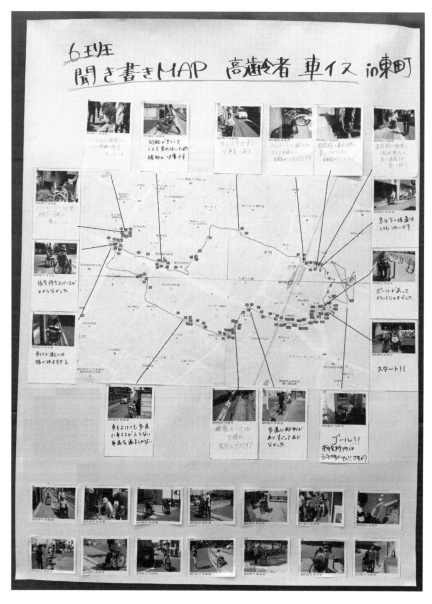

図3　優先順位をつけた安全点検地図の例（秩父市での取組みから）

③ 音声の記録で「その日・そのとき」以外のこともわかる

❶ 地元の方の「語り」が大切

　『聞き書きマップ』には、もう一つ、とてもおもしろい特徴があります。それは、まちあるきの際に「自分以外の人」が語ったことも、そのまま音声として記録できるという点です。『聞き書きマップ』を初めてまちあるきの現場で使ったときに私自身が経験したエピソードを例にとってご紹介しましょう。

　それは、2012年12月15日、あいにくの小雨まじりの寒い日曜日のことでした。私たちは、地元の自治会や市役所の皆様とともに、4つのグループに分かれて安全点検まちあるきを行っていました。

　私のいたグループがある交差点にさしかかったとき、地元で8年にわたり通学路の見守り活動を続けておられるという方が、次のように語られたのです。

　「皆さん、この交差点、今日は寒い雨の日曜日なので誰もいませんが、平日の朝8時ころに来てごらんなさい。登校中の子どもたちが道にあふれ、雨の日には子どもたちの傘が、横を通る車に触りそうになる」。

　当時の私にとって、この言葉は衝撃でした。同じ「場所」でも、曜日や時間帯が違えば、まったく別の「状況」に変わってしまうという指摘だと感じたからです（図4）。

　そのような「状況」は、ある日ある時（たとえば、12月の雨の日曜日）、たまたまその場にやってきた、自分たちのような「よそ者」には、見えるはずがありません。その「場所」が、「いつ」「どのように」問題なのかの本質は、現場を熟知した地元の方にしかわからない。そう思ったのです。

図4　地元の方の語りによる情報

❷「別の日・別の時間」の情報も漏らさず記録

　このときの経験から、『聞き書きマップ』の使い方に関する私自身の考え方が、大きく変わりました。『聞き書きマップ』を使って音声として記録すべきものは、自分自身が「その日・そのとき」に見たものだけではありません。一緒にまちあるきしてくださる地元の方などの「語り」のなかにある、「別の日・別の時間」についての情報も、きわめて大切なのです。これを漏らさず記録できることこそ、『聞き書きマップ』ならではの特徴ではないのか。そう考えるようになりました。

　このような、地元の方などの「語り」から得られた情報には、もしかしたら、その方の記憶違いや、独特の考え方・感じ方などが含まれているかもしれません。けれども、その方がそのように「語った」ということは、まぎれもない事実です。『聞き書きマップ』は、それを、その方自身の肉声で、丸ごと録音することができます。そして、その録音は、写真の撮影時刻を使って簡単に「頭出し」できますから、何時間にもわたる録音の中からでも、きわめて効率よく、必要な部分を選んで聞き直すことができます。その内容に基づいて、もし必要なら、その方が指摘さ

れた「別の日・別の時間」に、あらためて現地調査を行うこともできるでしょう。

このように、『聞き書きマップ』を使えば、実際にまちあるきをした当日の現地の状況が記録できるばかりでなく、「別の日・別の時間」の状況がどうなのかについても、地元の人の言葉などを介して、その重要な「手がかり」を記録できるのです。これは、身近な地域のもつ多様な姿を知り、それを踏まえた安全対策などを考える上で、たいへん大切なことだと思います。

④ さまざまな地図に加工して共通理解を形成

❶ 手作り地図とコンピュータ地図

『聞き書きマップ』で作ったまちあるきの記録は、簡単な操作で紙に印刷し、これまでと同じように手作業で地図に仕上げることができます。しかし、そればかりではありません。その記録は、「地理空間データ」としてコンピュータに保存されていますから、さまざまに異なった形に加工して、目的に応じて「使い回す」こともできます。

たとえば、私たちもお手伝いした、文部科学省の「防災教育を中心とした実践的安全教育総合支援事業」のなかでは、そのモデル校となった小学校の先生方が中心となって、『聞き書きマップ』のこの特徴を、とても上手に取組みに活かしてくださいました。

6章の96ページ以降でも詳しく紹介されているように、この事業の千葉県における2015年度モデル校の柏市立十余二（とよふた）小学校では、4年生（約80人）の3クラスをいったん解体して、子どもたちの自宅のある地区ごとに、約20の班に再編成しました。そして、各班が分担する形で、『聞き書きマップ』による通学路の安全点検フィールドワー

3章　『聞き書きマップ』の防犯力　39

クを行いました。

　フィールドワークで記録したデータは、班ごとに子どもたち自身がパソコンに取り込んで「聞き書き」の作業を行いました。その際、先生方が事前に、それぞれの班の人数に合わせてデータのコピーを作り、そのうちどの部分を誰が担当するのかを決めて、子どもたちが分担で「聞き書き」できるようにしてくださいました。これにより、とても効率よく、しかも班の全員が参加する形で、パソコンでの作業を進めることができたのです。

　こうして作った『聞き書きマップ』のデータを班ごとに印刷して、創意工夫にあふれた手作り地図ができあがりました。一方、パソコンに保存された各班のデータは、私たちがいったんお預かりして、科警研のコンピュータ上で統合し、それぞれの班が歩いた経路を色分けで示した「全体地図」を作りました。それによって、子どもたち自身による班ごとの手作り地図と、今回のフィールドワークの全体像が一覧できるコンピュータ地図という、一見まったく異なる2種類の地図を、同じデータから作ることができたのです。

2 "QGIS"で本格的な地図作りも

　2016年度のモデル校だった船橋市立西海神（にしかいじん）小学校でも、前年度と同じく班ごとに分担したフィールドワークを行って、各班の手作り地図と、科警研のコンピュータによる全体地図を作りました。前年度と違っていた点は、この全体地図を作る際に、"QGIS"という無料のソフトウェアを使ったことです。

　『聞き書きマップ』は、データを「KMZ形式」という汎用的な地理空間データ形式で書き出す機能を備えています。この機能を使って、『聞き書きマップ』のデータをKMZ形式で保存すれば、それを簡単に"QGIS"

に取り込むことができます。

こうして取り込んだ18班すべてのフィールドワークのデータを、"QGIS"で取りまとめて全体地図の形にしたものを、子どもたちによる手作り地図の例とともに、図5と図6に示します。

これら2種類の地図が、同じデータから作られたとは、ちょっと信じられないかもしれません。でも、それこそが、『聞き書きマップ』を使うことの大きな利点なのです。

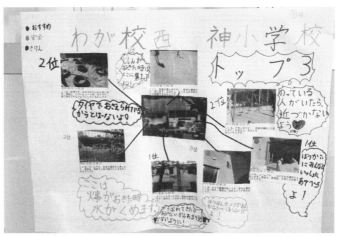

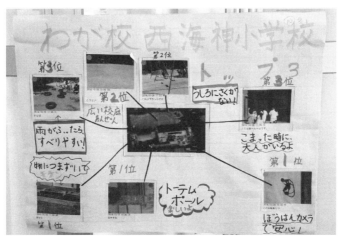

図5　子どもたち自身による手作り地図

3章　『聞き書きマップ』の防犯力　41

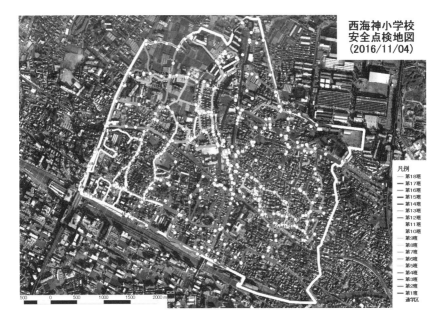

図6 "QGIS"で作成した全体地図

③ 全体像を把握し、「プロセス評価」につなげる

　"QGIS"で作った全体地図をよく見てください。白い線で境界を示した範囲が、この小学校の校区です。そのなかを、18の班に分かれた子どもたちが、ほぼムラなくフィールドワークで点検したことが、一目でわかると思います。

　安全点検まちあるきなどを大勢で手分けして行う場合、その「全体像」をわかりやすく示すことは、あんがい難しいものです。紙に手描きで全体地図を作り直すのでは、よけいな労力がかかってしまいます。『聞き書きマップ』を使えば、一つのデータの「使い回し」で、このような全体地図がすぐ作れます。それを検討することで、分担で実施した安全点検に重複や漏れなどがなかったかを、データに基づいて確認することができます。

コラム！
"QGIS"とKMZ形式ファイル

　"QGIS"とは、世界各国の空間情報科学の研究者などが共同で開発し、無料で公開している、高機能のGIS（地理情報システム）ソフトウェアです。ある程度コンピュータに慣れた方なら、このソフトウェアを使うことで、まったくお金をかけずに、さまざまな地理空間データの加工や分析をすることができます。

　「KMZ形式」とは、アメリカのグーグル社が開発した"Google Earth"というインターネット上の地球儀のようなソフトウェアで使われるデータ形式です。最近は、地理空間データを種類の違うGISどうしでやりとりするための、事実上の標準的なデータ形式となっています。

　この「KMZ形式」で『聞き書きマップ』のデータを保存すれば、"QGIS"をはじめとする多くの本格的なGISソフトウェアで、そのデータを活用できるようになるのです。

QGISのホームページ (http://qgis.org/ja/site/)

3章　『聞き書きマップ』の防犯力　43

このように、安全点検などの活動が、当初の計画通りに実行できたかどうかを確認することは、「プロセス評価」と呼ばれ、科学的・合理的な実践の支えとなる、大切なものだとされています。防犯や防災など、取組みの結果がすぐには見えにくい分野ほど、この「プロセス評価」が重要になります。『聞き書きマップ』は、それを手間暇かけず行うために、大いに役立つのです。

5 環境改善のための「多機関連携」の支援

❶ 環境改善の取組みを連携のきっかけに

本章のはじめの部分で、子どもたちの安全を守るためには、身近な地域の環境改善が大切だと述べました。そして、環境改善の取組みをどのように進めればよいかについて、①現状を知り、②地図で示し、それをもとに話し合って、④分担や優先順位を決め、⑤1つ1つ問題を解決していく、という手順を説明しました。

『聞き書きマップ』を使えば、この手順を自然な形で進めることができます。しかし、それだけではありません。万一、重大な問題が見つかった場合などに、地域の専門機関と連携して解決をはかる助けにもなるのです。

これについても、実際のエピソードを例にとってご紹介しましょう。

❷ 「これを放っておくわけにはいかない」

それは、ある市が主催した『聞き書きマップ』による地図作りの催しのなかで起こったことです。

このときは、地区の集会所を出発点にして、4つのグループが分担す

44　第1部　『聞き書きマップ』ってなに？

図7　通学路脇に見つかった「ヤード」

る形で地区のなかを歩きました。私はそのうち第3グループに同行していたのですが、市の担当の方から、4つのグループの活動の全体像がわかる地図を作ってほしいと言われていたので、それぞれのグループが記録した『聞き書きマップ』のデータすべてをお預かりして、翌日、その内容を点検していました。

すると、第2グループに属していた女性の声で、現地の写真とともに、次のようなことが録音されていたのです。

「このフェンス内に……人がよく出入りしていて、中で何やっているのか、まったくわからない状態です」。

これを聞いて、私は肝を冷やしました。『聞き書きマップ』の画面に表示されていた写真は、その場所が、「ヤード」と呼ばれる車の解体工場らしいことを示しています。このような車の解体工場のなかには、ごくまれにではありますが、盗んだ車を解体してその部品を海外に不正輸出する、犯罪者集団の拠点になっているものがあります。しかも、これを記

3章　『聞き書きマップ』の防犯力　45

録した第2グループの皆さんは、この地区の小学生たちが毎日通っている通学路に沿って、安全点検をしていたのです。

　万が一、この「ヤード」が悪質なものだったとしたら、そして、その横を小学生たちが毎日通っているのだとしたら、いったい何が起こるだろうか？

　これを放っておくわけにはいかない。そう思って、まず市役所の担当の方に電話で事情を速報し、たまたま知り合いのいた同じ県の警察本部の方にも電話をして、この「ヤード」が悪質なものでないかどうか、確認してもらえないかと頼みました。

　幸い、警察本部の方がすぐに地元の警察署に連絡してくださり、警察署の方々が調べてくださって、この業者が適切に古物商登録をしていること、現地で直接その状況を確認しても問題のある事業所とは思われないことなどを、数日のうちに知らせてくださいました。

　この知らせで、私は胸をなでおろしました。それと同時に、ヒヤリとしたこの経験を忘れず、今後の教訓にしなければならないと強く思いました。

③ 専門機関への引き継ぎが必要

　「ヤード」のような施設が悪質なものであるかどうかを確認することは、一般市民にできることではありません。そのようなものが見つかった場合には、警察や消防、行政の担当部局などの専門機関に速やかに引き継ぎ、専門機関のもつ情報や権限に基づいた安全確認をしてもらう必要があります。それを可能にする「引き継ぎのしくみ」をぜひとも確立すべきだと思います。

　このような「引き継ぎのしくみ」を作るために、『聞き書きマップ』で記録される、「いつ」「どこで」についての客観的な情報が、大きな助け

になります。専門機関が通報を受けても、その内容が十分具体的なものでないと、対応が難しくなってしまうからです。上記の「ヤード」の場合も、その所在地や、情報の記録日時、写真に写った現地の状況などが、具体的で詳しいものだったことが、警察による迅速な対応の一助となったのではないかと感じています。

繰り返しになりますが、「ヤード」などの施設がすべて危険なのではありません。フェンスを巡らせて中が見えないため、危険かどうかの区別がつかないことが問題なのです。その状況を、「何となく不安」のままにしてしまうか、きちんと安全確認を行うかが、安全点検まちあるきが実効性をもつかどうかの、大きな分かれ目になるのだと思います。

④ 地道な取組みの「見える化」で、好循環が生まれる

本章で述べてきたように、『聞き書きマップ』の機能をうまく使えば、身近な地域の環境改善の取組みを、さまざまな形で強力に支援することができます。しかも、その取組みが進むようすを、わかりやすい地図の形で表わし、地域の皆さんに伝えることもできます。それによって、これまで成果が見えにくかった、防犯ボランティア活動などの地道な取組みを、文字どおり「目に見える」ようにすることができると思います。こうすることで、「頑張っているのになかなか手ごたえが感じられない」という、防犯活動などの現場でよく聞く悩みが、多少なりとも解消できると思います。うまくすれば、「こんなことができるのなら、私もやってみたい」と思う人が出てくるかもしれません。『聞き書きマップ』が一助となって、そんな好循環が生まれることを願っています。

3章 『聞き書きマップ』の防犯力　47

『聞き書きマップ』の教育力

『聞き書きマップ』を使った安全教育の授業風景

『聞き書きマップ』を学校などで活用することから、さまざまな教育的効果が生まれます。本章では、私たちもお手伝いして 2015 年度から実施してきた文部科学省のモデル事業での経験を踏まえて、その豊かな可能性について説明します。

1 安全マップ作りの教育効果

　本年 (2017 年) 3 月 24 日付けで閣議決定された「第 2 次学校安全の推進に関する計画」のなかで、次のようなことが述べられています。

地域の防犯、防災、交通安全に係る安全マップづくりは、児童生徒等自身に周囲の環境における危険箇所の確認や危険予測を行わせたり、具体的な行動を考えさせたりする上で有効であるが、地域の歴史や自然環境を学ぶための活動を関連させることにより、児童生徒等が地域を様々な観点から理解することにも役立つものである。このため、安全教育の観点だけではなく、教科等の目標と関連付けた地域学習の一環として位置付けるなどの工夫が必要である。

　この考え方に、私も大賛成です。2015年度から文部科学省の『防災教育を中心とした実践的安全教育総合支援事業』（以下「モデル事業」と略記）のお手伝いをするなかで、まさにこれと同じことを肌で感じてきたからです。

　私は教育学者ではないのですが、最近、『聞き書きマップ』の教育力を次のように定式化できるのではないかと思っています。

『聞き書きマップ』の教育力

＝（安全教育＋地理教育＋情報教育）×体験学習

　この式は、『聞き書きマップ』が、安全教育、地理教育、情報教育という3つの領域それぞれについて、体験的な学習を可能にすることを示しています。本章では、この考え方に沿って、『聞き書きマップ』が子どもたちに及ぼす教育的効果について述べてみたいと思います。

② 情報機器を賢く使った安全教育

❶ 文部科学省のモデル事業での経験

　私たちがお手伝いしてきた文部科学省のモデル事業は、元来、東日本

大震災の発生を受けて「実践的防災教育総合支援事業」としてスタートしたものです。その後、防犯を含む生活安全や交通安全に関する取組みもこの事業の対象に含めることになり、2015年度から、『防災教育を中心とした実践的安全教育総合支援事業』に改編されました。

このモデル事業をお手伝いできたことは、私たちにとって、研究の成果物を学校教育の現場に持ち込み、その場で鍛えていただく、得難い機会になりました。とくにその初年度だった2015年度は、モデル校が職場のご近所だったこともあり、何か問題などが起こるたびに自転車で駆け付け、先生方と一緒に試行錯誤して、困難を一つ一つ乗り越えていった気がします。

また、このモデル事業では、対象となる小学校だけがすべてを抱え込むのではなく、自治体やPTA、教育委員会、地元の警察まで連携した、地域ぐるみの活動とすることが、大切な課題の一つとなっていました。さまざまな立場の方々とともに取り組むことを通じて、思いがけない問題に直面したり、相互の調整に手間取ったりすることもありました。逆に、本章の⑤で紹介する、地域の大人へのインタビューとその「復習」のような、驚くような面白い「発見」をすることもできました。

しかし、私にとって何よりも新鮮で刺激的だったのは、小学校の子どもたちが、最初は戸惑いながらも、練習のたびにどんどん『聞き書きマップ』に慣れ、上手に使いこなすようになっていったことです。子どもたちの「学ぶ力」や「伸びる力」の大きさを実感しました。

今回のモデル事業では、モデル校となった小学校の4年生が取組みの中心となり、主に第二学期の社会科や総合的な学習の授業計画に組み入れる形で、『聞き書きマップ』による通学路の安全点検活動などが行われました。主役となった4年生の児童の人数は、初年度の小学校では3クラスの約80人、翌年度の学校も同じく3クラスで約95人でした。これだけの数の子どもたちが、全員参加の形で『聞き書きマップ』による

フィールドワークを行い、データの取り込みと「聞き書き」作業、印刷した地図や「カード型一覧」を使った安全点検地図作りなどをやりとげたのです。11月の「公開授業」を参観された近隣の学校の先生方や教育委員会関係の方々は、一様に驚きの声を上げておられました。

このモデル事業を通して、それまでは漠然と予想するだけだった『聞き書きマップ』の「教育力」の内容が、くっきりと見えてきたように思います。それを、本章のはじめに「(安全教育＋地理教育＋情報教育) ×体験学習」と定式化してみたわけです。

そこで、まず、このうち「安全教育」の側面について、いくつかのエピソードを交えて見ていきます。

❷ 地図作りの省力化のもたらす効果

⑴ 地図作りが「最大行事」？

以前、ある小学校で、手描きの地図を使った安全点検地図作りを見学させていただいたことがあります。このときは、PTA のお母さん方を中心に、事前に何度も集まって準備を重ね、子どもたちのグループの数と同じ枚数の大きな紙を使って、1枚1枚手作りした背景地図が用意されました。地図作りの当日は、これらの背景地図に子どもたちが安全点検で見つけたことなどを書き加え、それぞれに個性的な、楽しい地図ができあがりました。

こうして地図作りを終えたとき、お母さんの一人が語られた言葉が印象に残っています。

「ああ、これで今年の PTA の最大行事が終わったわね」。

これは、このような地図作りに取り組まれた方の、偽らざる感想だと思います。大きな仕事を「やり遂げた」充実感はよくわかるのですが、地図を「作る」ところまでで1年分のエネルギーを使い果たしてしまう

4章　『聞き書きマップ』の教育力　51

のは、とてももったいない気がします。

⑵　手間を減らして学習の内容を深める

　『聞き書きマップ』を使って実施した文部科学省のモデル事業では、4年生全員を20前後の班に分け、班ごとに手分けして通学路の安全点検を行いました。これだけの数の班が使う地図を手描きで作っていたら、時間や人手がどれだけあっても間に合わないと思います。『聞き書きマップ』で使う地図は、インターネット経由で公開されている地図（「オープンストリートマップ」や衛星画像など）ですから、「地図を事前に準備する」必要がまったくありません。また、安全点検で歩いた経路や写真を撮影した地点も自動的に記録されますから、現地を歩きながら紙地図にメモするよりもはるかに簡単ですし、書き間違いも起こりません。このような省力化によって、1班あたり4～5人という少人数の班を数多く作り、いろいろな経路できめ細かな安全点検を行うことが可能になったのです。

　地図作りを省力化することで、それ以外の大切なことが、無理なくできるようになります。たとえば、安全点検をする際に、どのようなことに注目すればよいかについて事前に学習したり、後でも述べるような、安全点検で出会った地域の方への「インタビュー」のやり方を練習したりすることです。また、安全点検地図が完成した後には、それを使って、安全な地域作りのために自分たちに何ができるかを考え、グループごとに話し合って意見をまとめ、実際にやってみるようなことも、とても大切だと思います。地図を作っておしまいにするのではなく、地図をうまく使って、「安全」について学び、考え、行動できるようになることこそ、「安全教育」の本来あるべき姿ではないかと思うのです。

学校の先生方への アンケートから

『聞き書きマップ』を使えば、安全点検地図作りを大幅に省力化し、無理なく続けることができるようになります。実際、首都圏のＡ県の教育庁が主催した、学校現場の先生方への研修でアンケート調査を行ったところ、「これまでの地図作りよりも手間が省ける」に「そう思う」と回答した方が約７割、「子供の事故や被害防止に役に立つ」「通学路の安全点検に役に立つ」に「そう思う」「ややそう思う」と回答した方の合計が９割を超えるなどの結果になりました。

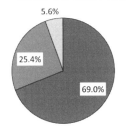

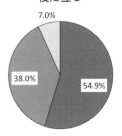

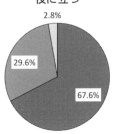

4章　『聞き書きマップ』の教育力

③ 時代を先取りした地理・GIS教育

『聞き書きマップ』を使った学習には、もう一つの教育的効果があると思います。2章でも述べたように、『聞き書きマップ』が、「地理情報システム」（Geographic Information Systems：GIS）と呼ばれる、地理空間データを処理するソフトウェアの一種だからです。

中央教育審議会による次期学習指導要領では、2022年度から高等学校で「地理総合」が必修化される見込みです。その中で学ぶべきことの一つとして、「地図や地理情報システム（GIS）などにかかわる汎用的な地理的技能」が挙げられています。つまり、2022年以後に高校生になる人は、誰もが必ず、学校で地理情報システム（GIS）を勉強することになるわけです。

2022年と言えば、今年（2017年）から数えて5年後です。その年に高校生になる世代は、現在、小学4年生（10歳）前後の世代です。これまでご紹介してきた文部科学省のモデル事業で通学路の安全点検地図作りに取り組んでいるのが、まさにこの世代の子どもたちなのです。

高等学校での地理の必修化に向けた取組みは、すでにさまざまなところで始まっています。その一つが、一般社団法人地理情報システム学会の主催で2010年度から毎年実施されている、「初等中等教育におけるGISを活用した授業にかかわる優良事例表彰」です。同学会のウェブページ（http://www.gisa-japan.org/awards/post-1.html）での説明によれば、これは、「初等中等教育現場においてGIS（地理情報システム）を実践的に活用した授業の普及・展開の契機とするため、授業において先導的な取組みを実践している教員を対象とした表彰制度」だとされています。

この表彰制度で、私たちとともに文部科学省のモデル事業を実施してくださった小学校の先生方が、2016年度の「国土交通大臣賞」を受賞されました。また、この取組みでGPS受信機が活用されていたことか

54　第1部　『聞き書きマップ』ってなに？

ら、その受賞のニュースが、内閣府宇宙開発戦略推進事務局による「み
ちびき（準天頂衛星システム）」のウェブページでも紹介されました（次ペー
ジのコラム）。これらのことは、このモデル事業での取組みが、まさに時
代を先取りしたものであったことを物語っていると思います。

『聞き書きマップ』による安全点検地図作りは、地理情報システム
（GIS）の使い方としては、とても単純なものです。けれども、自分たち
が「今歩いてきた経路」や「さっき写した写真」、「自分で語った言葉」
などが、すぐコンピュータ地図上に表示されることは、子どもたちに強
い印象を与え、興味をかきたてる、新鮮な経験になります。小学生時代
にこのような経験をした子どもたちは、将来、高校生になって GIS の授
業を受ける日に、「あっ、これって４年生のときやったことがある！」
と、きっと感じるに違いありません。

④ 基礎を鍛える情報教育

『聞き書きマップ』には、このような地理教育・GIS 教育の効果ばかり
でなく、より一般的なコンピュータ教育や情報教育の面での効果も期待
できます。もっとも、情報教育と言っても、コンピュータのプログラミ
ングのような高度なことではありません。もっと初歩的で実用的なこと
です。一つのエピソードで説明しましょう。

先にも紹介した文部科学省のモデル事業では、その仕上げとして「公
開授業」が行われます。その場には、近隣の学校の先生や教育委員会関
係の方々ばかりでなく、地元のマスメディアなども取材に来ます。その
一つだった地元のテレビ局の番組を、モデル校の先生方と一緒に見てい
たとき、数人の先生から、こんな声が上がりました。

4章　『聞き書きマップ』の教育力　55

小学校での取組みが「国土交通大臣賞」を受賞

　一般社団法人地理情報システム学会は、「初等中等教育におけるGISを活用した授業に係る優良事例表彰」の選定結果を発表し、10月15・16日に立正大学で開催された「第25回研究発表大会」の中で授賞式を開催しました。（中略）この中で、千葉県柏市立十余二小学校による「聞き書きマップ」を使った取組みが、「国土交通大臣賞」を受賞しました。

「みちびき」のウェブページの紹介記事から
(http://qzss.go.jp/news/archive/gis_161018.html)

「あっ、○○君、両手で打ってる。すばらしい！　嬉しい！」

そのとき画面に映し出されていたのは、『聞き書きマップ』で記録した音声を聞きながら、習ったばかりのキーボードの「両手打ち」で、それを一心にパソコンに打ち込んでいる男の子の姿でした。それを見て、私も「なるほど」と思いました。キーボードの両手打ちは、大人でも練習しないとなかなか難しいものですが、『聞き書きマップ』の音声を「聞き書き」する作業が、その恰好の練習課題になったわけです。

ついさっき自分自身や友だちが話したことをパソコンで文字にする作業は、子どもたちにとって、練習のための練習ではない、とても面白く夢中になれることです。それを課題とすることで、コンピュータ操作の基本中の基本であるキーボード入力のスキルを、楽しく自然に身につけることができるかもしれない。そんな可能性を感じました。

このように、『聞き書きマップ』をいわば入り口として、さまざまな「学び」の可能性が開けると思います。そのように多様な可能性にいち早く気づいてくださるのは、たぶん間違いなく、学校現場の先生方です。日々子どもたちと接するなかから、私などには思いもよらない、驚きのアイディアが次々誕生する。その日を今から心待ちにしています。

⑤ 上手な活用で「主体的・対話的で深い学び」の機会に

ここまで、『聞き書きマップ』の教育力を、安全教育、地理・GIS 教育、情報教育という 3 つの側面から見てきました。『聞き書きマップ』をうまく使えば、これらすべてについて、体験的な学習、すなわち、新しい学習指導要領に謳われた「主体的・対話的で深い学び」の機会が生まれると思います。2016 年度のモデル事業でのエピソードを例にとって見てみましょう。

4章　『聞き書きマップ』の教育力　57

①▶ 地域の大人への「インタビュー」の記録から

『聞き書きマップ』を使った安全点検地図作りについて、次のような懸念の声を聞くことがあります。

「危険な場所を調べることで、子どもたちが地域を嫌いになったりしないでしょうか」。

「ちょっと変わった人などを『不審者』として排除するようなことにならないでしょうか」。

このような心配はご無用であると、私は確信しています。これまでお手伝いしてきた文部科学省のモデル事業のなかで、そんな心配を吹き飛ばす実例を、いくつも見てきたと思うからです。

そのなかでも一番印象的だった例を、『聞き書きマップ』で子どもたち自身が記録したデータを使ってご紹介しましょう。2016年度のモデル校だった小学校の「第13班」が記録したデータからの抜粋です。

安全点検まちあるきで出会ったおじさんに、インタビュー担当の男の子が声をかけます（図1）。

「こんにちは。○○小学校の4年生です。少しお話をうかがってもよろしいでしょうか」。

「はい、よろしいですよー」。

「インタビューのようすを、写真に撮らせていただいてもよろしいでしょうか」。

「はい、いいですよー（笑）」

「私たちは今、犯罪や事故の起こりやすい地域の危険な場所などを調べています。……（中略）……何か知っている場所はありますか？」

「これ、（マンションの緑地の中に設置された照明用の電球を指差して）すぐコロッと取れる。で、抜いて、ガシャンと割るイタズラが、16件、今年

図1　地域の方へのインタビュー
（西海神小学校でのフィールドワーク〔第13班〕）

あって、被害額で、60万を越えました。」

「へえー……」「うわー……」（複数の子どもの声）

「それから、自転車。あの手の自転車は、ドライバーで、簡単にカギは開きます。で、60台やられました」。

後で聞いたところでは、このときインタビューを受けていた男性は、近所の別の小学校の先生だったそうです。なるほど、それでこんなに詳しく地域の被害についてご存知だったのですね。

それはともかく、この子どもたちの記録には、まだ続きがあります。それは、次のとおりです。

「これは被害によくあう……電球です。危険なものです。理由はいっぱい割られているからです」。

「これは自転車です。危険なものです。理由はすぐにカギが取られてしまうからです」（図2）。

4章　『聞き書きマップ』の教育力　59

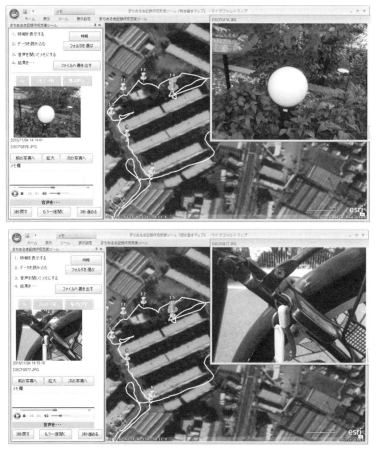

図2 インタビューで聞いたことをその場で再確認
（西海神小学校でのフィールドワーク（第13班））

　このように、たった今インタビューで教わったことを、子どもたち自身が、その場で復習していたのです。その際、話題になっていた電球や自転車のカギを、自分（たち）自身であらためて写真に撮影し、それがなぜ危険なのかを、自分（たち）自身の言葉で説明しています。これには、誇張でなく感動を覚えました。

　もちろん、子どもたちがこのように礼儀正しいインタビューを行えたのは、あらかじめこの学校の先生方が「インタビューの仕方」という資料（本章のコラム、63ページ）を作って、ていねいに指導してくださったお

かげです。また、インタビューで聞いた話をその場で「復習」したことも、もしかしたら、子どもたちに同行されていた先生か父兄の方の「入れ知恵」だったかもしれません。仮にそうだったとしても、このとき、この子たちは、間違いなく「主体的・対話的で深い学び」を実践していたのだと、私には思われます。

　同時に、このように、子どもたちが地域の大人などと直接言葉を交わし、相互に「顔の見える」関係が生まれてくれば、安全点検活動によって「地域を嫌いにならないか」「『不審者』の排除につながらないか」といった心配も、解消されるのではないかと思います。地域に潜む問題点をよく知って、詳しく教えてくれる大人に出会えば、子どもたちはその人を「頼もしい存在」と感じ、地域にそのような人がいることを誇りに思うのではないでしょうか。また、「不審者」は、正体がわからないから「不審」なのであって、直接言葉を交わすことが、そのような「不審」感を緩和するきっかけにもなるだろうと思うのです。

②「現場の発想」の大切さ

　実は、『聞き書きマップ』によるフィールドワークの中に、「地域の人へのインタビュー」を組み入れてくださったのは、初年度のモデル校だった小学校の先生方のアイディアです。翌年度のモデル校も、このアイディアを参考に、さらに工夫を加えてくださったのです。

　小学校の先生方の「現場の発想」によって、子どもたち自身が地域の大人に語りかけ、その話を聞いて記録し、その体験を通じて地域の方々との絆を深めるという形での運用が実現したわけです。これは、ほんとうに意義深いことだと思います。また、そのコミュニケーションのプロセスそのものを、それぞれの人の肉声で記録できることも（手前味噌ですが）『聞き書きマップ』の大きなメリットではないかと思います。

4章　『聞き書きマップ』の教育力　61

おそらく、近頃よくある「ICTによる子どもの見守り」の類のシステム（たとえば、子どもが校門や駅の改札などを通過すると、その情報が保護者に送信されるような）と『聞き書きマップ』との最大の違いは、このような人々のコミュニケーションを促す運用が無理なくできることであり、「自然な会話をそのまま録音する」という『聞き書きマップ』の基本設計が、こうした運用の助けになっているのだろうと思っています。

6 有効活用のためのヒント

　こうした小学校でのモデル事業を通じて、『聞き書きマップ』を学校教育のなかで有効活用するための、大切なヒントや留意点が見えてきた気がします。そこで、本章の最後に、これらのうち代表的なものを、いくつか紹介します。

❶ すべてを情報技術でやろうとしない

⑴　手仕事があるから、全員が参加できる

　『聞き書きマップ』では、GPS受信機やICレコーダーなどの情報機器を使うことで、これまで地図作りに必要だった労力を大幅に削減しています。その一方で、「すべてを情報技術でやろうとしない」ことも、『聞き書きマップ』のもう一つの大切な特徴なのです。

　理由は簡単です。何でもかんでも情報機器でやろうとすると、たいていの場合、コンピュータに貼りついてひたすらキーボードをたたく人と、それを周りで見ているだけの人とが出てしまうからです。これでは、皆でいっしょに地図作りをしたという気持ちになれないし、グループの中での話し合いなども生まれません。せっかくの体験学習・グループ学習が、これでは台無しです。

62　第1部　『聞き書きマップ』ってなに？

つぶやきかた・インタビューの仕方

　2016年度のモデル校では、先生方が、このような「ICレコーダーのつぶやき方」「インタビューの仕方」という資料を作ってくださいました。『聞き書きマップ』の録音を聞いてみると、子どもたちがこの資料で教わった通りにつぶやき、インタビューしていることが、よくわかります。

ICレコーダーのつぶやき方

① ここは_____です。

② 安全な場所だと思います。
　 危険な場所だと思います。
　 おすすめの場所です。

③ 理由は、_____だからです。

例）ここは、ふたば幼稚園のそばの高いフェンス　です。
　　危険な場所だと思います。
　　理由は、フェンスが高いのでまわりから見えにくく、危険なことがおきても気づかれないからです。

例）ここは、ふみ切りのそばにある防犯カメラです。
　　安全な場所だと思います。
　　理由は、防犯カメラがあれば、犯ざいが起こりにくいと思うからです。

例）ここは　浅間神社です。
　　おすすめの場所です。
　　理由は、歴史があり、夏には大きなお祭りがあるからです。

インタビューの仕方

① こんにちは。西海神小学校の4年生です。少しお話をうかがってもよろしいでしょうか。

② インタビューの様子を写真にとらせていただいてもよろしいでしょうか。

③ ありがとうございます。
　 ※写真の許可が出なかった時は、「わかりました。」と言って、そこの景色だけとりましょう。

④ 私たちは今、犯罪や事故のおこりやすい、地域の危険な場所を調べています。
　 何か知っている場所はありますか。

⑤ 反対に、犯罪や事故が起こらないために工夫されているところも調べています。
　 何か知っている場所はありますか。

⑥ 最後に、みなさんが笑顔になれる、この地域のおすすめの場所はありますか。

⑦ ありがとうございました。

34

図3 『聞き書きマップ』のデータを印刷して地図作り
（十余二小学校でのモデル事業から）

　ですから、文部科学省のモデル事業でも、『聞き書きマップ』にデータを取り込んで「聞き書き」の作業がすんだら、そのデータをすぐに紙に印刷して、あとは別の広い部屋で、みんなで協力しながら手仕事で地図を仕上げることにしました。その様子を写した写真の例を、図3に示します。

(2) 自由な創意工夫を引き出せる

　このようにすれば、とても自然に、グループの中での話し合いが始まります。どの写真をどこに貼るか相談するとか、現地で録音しきれなかったコメントなどを手書きで追加するとか、見つかった問題点をどうすれば改善できるかについて意見を出し合うとか、いろいろな話し合いがにぎやかに進みます。

図4　地図に書き込まれた手描きイラストの例
（十余二小学校でのモデル事業から）

　また、その過程で、子どもたちの自由な創意工夫も発揮されます。図4をご覧ください。これらは、地図作りをしながら、子どもたちが自発的に地図の余白に書き込んだ、かわいいイラスト入りのコメントの例です。

　すべてをコンピュータでやろうとしていたら、このような創意工夫が生まれることはなかったでしょう。情報技術の進歩が著しいと言っても、まだまだ、子どもたちにとっては、目の前の大きな紙のほうが、自由にのびのび想像力／創造力を発揮できる、お気に入りのキャンバスなのです。

4章　『聞き書きマップ』の教育力　65

さらに、こんな発言も出てきました。

　「ぼくたちは、これを地域に伝えることは全部は不可能だと思い、『ベストランキング』を使って地域の人たちに伝えることにしました」。

　彼の言う「ベストランキング」とは、安全点検で見つかった問題の「優先順位付け」そのものです。きっと、山ほどある写真を貼り込んで地図がゴチャゴチャになっていくのを目にして、このような優先順位付けが必要であることを、彼は体験的に学んだのだろうと思います。

　さらに、そのことを自ら発言し、グループの仲間たちと話し合って、「ベストランキング」という考え方へと深めていったわけです。まさに、「主体的・対話的で深い学び」そのものではないでしょうか。

　このように、情報機器を「使わない」ことから生まれるメリットは、実はたいへん大きいのです。それを十分理解して、情報機器を「適材適所で賢く使う」ことが、いちばんいいやり方なのだと思います。

❷ 学校に「今ある」ものを使う

⑴　学校にあるパソコンはウィンドウズ系がほとんど

　『聞き書きマップ』を情報系の技術屋さんや大学の先生などに見せると、必ずと言っていいほど、「それって、スマートフォンで全部できますね」と言われます。それはまったくその通りです。実は、後でも述べるように（5章のコラム、78ページ）私たちも、「アンドロイド」というスマートフォン用の基本ソフトで使える『聞き書きマップ』の開発を、すでに進めています。

　けれども、「スマートフォンのアプリで十分」という考え方には、私は大反対です。学校現場の実情を知らない人の考え方だと思うからです。

　図5をご覧ください。これは、文部科学省が行った調査の報告書から作ったグラフで、2016年3月現在で、小中学校にある教育用コンピュー

66　第1部　『聞き書きマップ』ってなに？

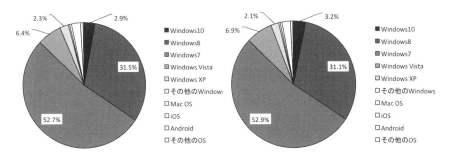

図5 教育用コンピュータのOS別割合
（2016年3月現在：文部科学省の調査による）

タのOS（オペレーティングシステム：パソコンの基本ソフトのこと）別の割合を示したものです。

　グラフから明らかな通り、現在わが国の小中学校にある教育用コンピュータは、その約96％がウィンドウズ系のパソコンです。それ以外のパソコンや「スマートフォン」などは、今の学校現場には「ほとんどない」のです。

　一方、最近のスマートフォンやタブレット端末などは、そのほとんどが、アップル社の「iOS」か、グーグル社の「アンドロイド」というOSを基本ソフトに採用しています。これらのOS用に作られたアプリは、ウィンドウズ系のパソコンでは使えないのがふつうです。

　「何も学校のパソコンを使わなくても、個人のスマートフォンなどを使えばいいじゃないか」という人もいます。私は、この意見にも大反対です。小中学校に通う子どもたちにとって、「個人のスマートフォン」とは、要するに、親のお金で買ってもらったもの（または、親自身の持ち物）です。当然、そんなものを持つ余裕のない家庭もあるはずです。義務教育の一環として行う安全教育なのに、家庭の経済状況によって、できる子とできない子が分かれてしまっていいのでしょうか。

　このように考えると、小中学校の現場で「今すぐ使える」しくみとしては、『聞き書きマップ』のような「ウィンドウズ系パソコン用のソフト

ウェア」と、まちあるきに持って行ける「安価な受信機」などとを組み合わせる方法が、文字どおり唯一の選択肢であることが、わかっていただけると思います。

(2) 持ち歩く機器は「消耗品」に

私たちが現在めざしているのは、このような安価な持ち歩き用の機器を、たとえば市役所や教育委員会などで「消耗品」として購入していただき、それを学校現場に無料で貸与できるしくみを作ることです。そうすれば、もし予算の制約などで限られた個数の機器しか買えなくても、複数の学校などで「持ち回り」で使うようなこともできるでしょう。

6章でも紹介するように、すでに、『聞き書きマップ』用品を「消耗品」として購入してくださる自治体も出てきています。今後、こうした流れを加速することで、義務教育の現場で『聞き書きマップ』を無理なく使っていただくために必要な「社会的なしくみ」を、ぜひとも作り上げたいと考えています。

❸ 無理なく続け、「地域学習」につなげる

(1) いろいろなテーマで地域を知る

安全教育に限らず、学校などで学ぶことがほんとうに「身につく」ためには、1回限りの経験では足りないと思います。何回か繰り返して練習したり、ある程度の期間にわたって続けたりすることが大切です。手間暇かけずに安全点検活動などを行えるという『聞き書きマップ』の特徴を生かして、ぜひこのような、反復的・継続的な使い方を工夫していただきたいと思います。

そのための一つのやり方として、毎回少しずつテーマを変えて、いろいろな観点からの安全点検を行うのが、いい方法だと思います。たとえ

68　第1部　『聞き書きマップ』ってなに？

ば、今回は犯罪の危険がありそうな場所、次回は交通事故の危険がありそうな場所、その次は自然災害の注意が必要な場所……といった具合です。また、そのような危ない場所にばかり注目するのではなく、防犯カメラやカーブミラーなど、地域の安全を守るための施設を探したり、防犯パトロールをされている方などに同行して、その方のお話を『聞き書きマップ』で記録するのも、とても面白いやり方だと思います。

　もう一つ、私が以前から『聞き書きマップ』を活用できそうだと思っている使い方があります。それは、「子ども110番の家」を訪ねて歩く活動です。できれば、保護者や学校の先生など大人の方にも同行していただいて、単に「子ども110番の家」の看板の写真を撮るだけでなく、実際にそのお宅の呼び鈴を押して、家の方とお話しすることができれば、理想的だと思います。

　このように「テーマを変えて」行う活動は、実は、安全点検に限らなくてもかまわないと思います。「今日は、まちの楽しい所を探検しよう！」ということで出発して、まちあるきする中で何か危なそうなもの・ことに出会ったら、「それもついでに」記録するという考え方でもいいと思うのです。こうすることで、気軽に楽しく続けることができると思います。そのようにして続けることが、何より大切なのです。

　さまざまにテーマを変えながら「まちの探検」を行うことは、「身近な地域を知る活動」そのものです。そうした活動と組み合わせることで、安全点検地図作りが、より豊かで、意義深いものになると思います。これこそ、本章の最初の部分で引用した「第2次学校安全の推進に関する計画」の中で勧められている、安全マップ作りを「地域学習の一環として位置付けるなどの工夫」ではないでしょうか。『聞き書きマップ』は、きっとそのお役に立つと思います。

4章　『聞き書きマップ』の教育力　69

⑵　判断力を育み、絆を強める

　本章で述べてきたように、『聞き書きマップ』を使えば、通学路の安全点検などの活動を「入り口」として、多種多様な「学び」へと発展させることができます。こうして、子どもたちのさまざまな潜在能力を活性化し、いろいろな場面でバランスの取れた判断ができるように育てることが、犯罪や事故の危険から身を守る「総合力」の形成につながると思います。

　同時に、「自然な会話をそのまま記録」できるという『聞き書きマップ』の特徴をうまく生かせば、地域の大人たちやグループの仲間たちとのコミュニケーションを促す、大きな効果が生まれます。これによって、周囲の人々との間で、互いに「顔の見える関係」が育まれ、それを基盤とした「心の絆」も強化されると思います。2章でも述べたとおり、このような周囲の人々との「絆」が、子どもたちを犯罪から守る有力な「防御因子」となることは、「発達的犯罪予防」の観点に立つ欧米の優れた研究が実証してきたことでもあるのです。

『聞き書きマップ』を使ってみよう！

サンプルデータで今すぐ試せる

『聞き書きマップ』を使う方法は、とても簡単です。また、その使い方を、サンプルデータで試していただくこともできます。本章では、まず、『聞き書きマップ』を使う準備やまちあるきの手順について大まかに説明し、続いて、実際にサンプルデータを使いながら、『聞き書きマップ』の操作方法について解説します。

 ## 何を用意すればいいか

『聞き書きマップ』を使ってまちあるきの記録を作るために、とくべつな機械や専門知識は必要ありません。『聞き書きマップ』を使うためには、次のものを用意していただければ十分です。

❶ パソコン（基本ソフトがWinows7以降のもの）
❷ 『聞き書きマップ』のソフトウェア
❸ まちあるきに持って行く「3つの小道具」
　①GPS受信機、②ICレコーダー、③デジタルカメラの3つです。

これらについて、次にもう少し詳しく説明します。

① パソコン

『聞き書きマップ』は、基本ソフトが Windows であるパソコンで動く
ソフトウェアです。

基本ソフトが Windows7、Windows8.1、Windows10 のどれかであ
れば大丈夫です。逆に、基本ソフトが Windows Vista 以前であるパソコ
ンでは使えません。

② 『聞き書きマップ』のソフトウェア

『聞き書きマップ』のソフトウェアは、わたしたちの研究成果公開サイ
ト『科学が支える子どもの被害防止』（http://www.skre.jp）から、無料で
ダウンロードして使っていただけます。

このサイトのホームページ（図1）の左側にある「まちあるき記録作成
支援ツール『聞き書きマップ』」のボタンをクリックすると、「『聞き書き
マップ』とは」のページが開きます。このページの「ダウンロードはこ
ちらから」のボタンをクリック（図2）すれば、『聞き書きマップ』のイ
ンストールページ（本章の図9、84ページ）が開きます。

インストールの詳しい手順については、このページに置いてある「『聞
き書きマップ』インストールマニュアル」をご覧ください。このページ
の中の「インストールマニュアル」ボタンをクリックすれば表示されま
す。このマニュアルは PDF 形式のファイルなので、ダウンロードして
使ったり、印刷したりすることもできます。

5章　『聞き書きマップ』を使ってみよう！　73

ホームページのアドレスはこちらです。

http://www.skre.jp

図1　ホームページの『聞き書きマップ』ボタンをクリック

図2　「ダウンロードはこちらから」をクリック

74　第2部　使ってみよう！

コラム！
背景地図とWebGISサイト

　『聞き書きマップ』を使うとき、「背景に表示される地図（のデータ）はどこから入手するのですか？」「お金がかかるのですか？」という質問を受けることがあります。

　心配ご無用です。『聞き書きマップ』で表示される背景地図は、パソコンがインターネットに接続されていれば、無料で自動的に表示されます。地図の種類も「オープンストリートマップ」「衛星画像」などのなかから、使う人が用途に合わせて選ぶことができます。

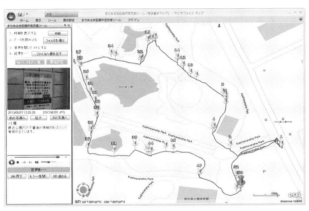

「オープンストリートマップ」で表示した『聞き書きマップ』の画面

　でも、パソコンがインターネットに接続できないときには、どうするのでしょうか？

　そのような場合に備えて、私たちの研究成果公開サイトのなかに、「位置座標付き地図画像」をダウンロードできる「WebGISサイト」を作成中です。このサイトについては、7章（150ページ）でも説明します。

③ まちあるきに持って行く「3つの小道具」

『聞き書きマップ』はパソコン用のソフトウェアですが、まちあるきをするときに、『聞き書きマップ』をインストールしたパソコンを、いっしょに持って歩く必要はありません。まちあるきに持って行くのは、①GPS受信機、②ICレコーダー、③デジタルカメラという「3つの小道具」だけです（図3）。

図3　『聞き書きマップ』を使うための「3つの小道具」

①GPS受信機

GPS受信機とは、人工衛星から送られてくる電波を受信して、受信機を持っている人が今いる位置（緯度・経度）を測定する装置のことです（図4）。
現在の『聞き書きマップ』（バージョン3.0）では、この機種(GT-740FL、または同等品)を使えば、データを『聞き書きマップ』に直接取り込めるので、お勧めです。

図4　GPS受信機の例

② IC レコーダー

IC レコーダーとは、音声を直接メモリーに録音する、デジタル式の録音機のことです（図5）。

市販のIC レコーダーでいいのですが、低価格の機種だと、コンピュータに接続できないものがあるので、注意が必要です。また、最近は、通信販売サイトなどで、きわめて安価なUSBメモリー型のIC レコーダーも売られています。信頼性の点ではやや難がありますが、価格が安く操作も簡単なので、手軽に使ってみるにはいいかもしれません。

図5　IC レコーダーの例

③ デジタルカメラ

デジタルカメラは、よほどのオモチャカメラでなければ、どんな機種でも問題ありません（図6）。

写真のデータが「.jpg形式」で保存されるものなら、まず大丈夫です。皆さんがふだんお使いのデジカメを、そのまま使っていただくのでいいと思います。

図6　デジタルカメラの例

スマートフォン版『聞き書きマップ』

　「『聞き書きマップ』のスマートフォン版はないのですか？」とよく聞かれます。それがあれば、「3つの小道具」を用意しなくても、スマートフォン1台を持って歩けばすむからです。

　実は、その開発はすでに進んでいます。本書がお手元に届くころには、Android系のスマートフォンで使える最初のバージョンを公開できていると思います。

　ただ、スマートフォンのアプリには、「ながら歩き」の危険があります。安全点検のためのアプリである『聞き書きマップ』で、「ながら歩き」による事故が起こっては、話になりません。そこで、スマートフォン版の『聞き書きマップ』は、この絵のように、なるべく「つまらない」画面表示しか出さないようにしてあります。これをポケットにポンといれて、さあ出発。

　「ポケぽんGO!」が合言葉です。

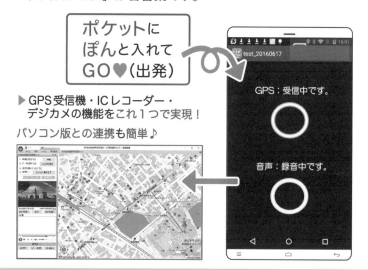

▶GPS受信機・ICレコーダー・デジカメの機能をこれ1つで実現！
パソコン版との連携も簡単♪

まちあるきの手順

『聞き書きマップ』を使ってまちあるきを行うときには、出発前にGPS受信機とICレコーダーの電源スイッチを入れ、戻った後にそれぞれの電源スイッチを切ります。まちあるきの最中には、これらの機器を操作する必要はまったくありません。

まちあるきの「現場」で、あれこれスイッチ操作をやったりすると、どんなに慣れていても、必ず失敗が起きます。それでデータを取りそこなったら、文字どおり、取り返しがつきません。現場では、「何もしない」のが一番。それが、たくさんの失敗を重ねた上でたどり着いた、私たちの結論なのです。

ですから、『聞き書きマップ』を使ったまちあるきの手順は、次のように、とても単純なものです。

❶ 出発前に、スイッチON

まちあるきに出発する前に、GPS受信機とICレコーダーをONにして、データや音声の記録を始めます。その後は、まちあるきを終えるまで、そのまま持ち歩きます。「防犯パトロールベスト」などの胸ポケットに入れておくのが、いい方法です（図7）。

図7　出発前に、スイッチON！

❷ シャッターを切って、つぶやく

まちあるきの現場で行うことは、ただ一つ。
「シャッターを切って、つぶやく」。
これだけです（図8）。

図8　写真を撮って、「つぶやく」

通常のまちあるきで、気づいたことを「メモ書きする」かわりに、同じことを声で「つぶやく」わけです。それを、デジカメのシャッターを切った直後に行うことで、後でそのデータを『聞き書きマップ』に取り込んだとき、写真の撮影時刻から、そのとき「つぶやいた」内容を、すぐに頭出しして「聞き書き」できるようになるのです。

❸ 戻ってきたら、スイッチOFF

まちあるきから戻ってきたら、必ず次のことを行います。
❶GPS受信機のスイッチOFF
❷ICレコーダーのスイッチOFF
　当たり前のようですが、意外に「うっかり」忘れることもあるものです。確実にスイッチを切り、電源ランプが消えたのを確認しましょう！

④ パソコンにデータを取り込む

　ここまでの準備ができたら、GPS 受信機・IC レコーダー・デジタルカメラから、それぞれデータをパソコンに取り込みます。パソコンで文章を書いたことがあるくらいの人なら、慣れれば3〜5分でできると思います。これで、『聞き書きマップ』を使う準備は完了です。

　なお、『聞き書きマップ』を使ったまちあるきやパソコンへのデータの取り込みなどを、どなたでも間違いなく行っていただけるように、その手順を詳しく説明した「**『聞き書きマップ』**と「**3つの小道具」：安全点検マップ作成ツール使用マニュアル**」も作ってあります。

　これも、私たちの研究成果公開サイトからダウンロードしていただけます。ホームページ（http://www.skre.jp）の左上にある「マニュアルの最新版はこちらから」のボタンをクリックすれば、このマニュアルを掲載したページが開きます。

コラム！
ピンときたら、即シャッター

　まちあるきの記録として大切な情報は、実は、自分以外の「周囲の」声や音のなかにもあります。

　実際、まちあるきでは、思いがけないときに、いっしょに歩いている誰かが大切なことを話し始めるようなことも多いものです。そんなときは、すぐデジタルカメラのシャッターを押してしまいましょう。意味のあるものが何も写っていなくても、あとで、撮影時刻から、その話の「頭出し」をするのに役立ちます。「ピンときたら、即シャッター」です！

　ただし、「盗撮」と誤解されることには、注意が必要かもしれません。念のためカメラを下に向けて、自分の足元あたりを撮るのが無難だと思います。

サンプルデータで「聞き書き」にチャレンジ！

　『聞き書きマップ』の使い方を知っていただくには、サンプルデータを実際に使ってみていただくのが、手軽でいい方法だと思います。

　『聞き書きマップ』用のサンプルデータは、「『聞き書きマップ』のインストール」のページの下の方にある「**サンプルデータ・参考資料**」の欄から、ダウンロードしていただけます。現在ここに登録してあるデータは、次の２種類です。

❶ サンプルデータ（『聞き書きマップ』で地図化ずみ）
❷ サンプルデータ（元データ）

　このうち、「❶ **サンプルデータ（『聞き書きマップ』で地図化ずみ）**」は、音声の時刻合わせなどの準備（81ページで紹介した「使用マニュアル」の 4.2 〜 4.3 にその手順を示してあります）が完了して、ひととおり「聞き書き」作業ができた状態のデータです。一方、「❷ **サンプルデータ（元データ）**」は、まちあるきから戻ってきて、「３つの小道具」からデータを取り込んだばかりの状態のデータです。両者の違いはこの点だけで、写真や音声・GPSデータなどの内容は、どちらもまったく同じです。

　そこで、ここでは、もっとも手軽に使える「❶ サンプルデータ（『聞き書きマップ』で地図化ずみ）」によって、『聞き書きマップ』の基本的な操作方法などを説明します。

❶ サンプルデータのダウンロードと読み込み

　サンプルデータを使うには、そのファイルを『聞き書きマップ』のインストールページからダウンロードして解凍し、『聞き書きマップ』に読み込む必要があります。これは、次の手順で行います。

❶ インストールページの「1.サンプルデータ(『聞き書きマップ』で地図化ずみ)」をクリック(図9)。

❷ パソコンに「KGM3100_sample.zip」という名前のファイルがダウンロードされるので、それをダブルクリックして解凍(図10)。

❸ 『聞き書きマップ』を立ち上げ、「フォルダを選ぶ」ボタンをクリック(図11)。

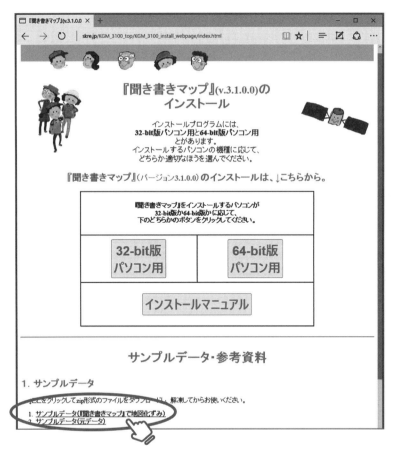

図9 「サンプルデータ(『聞き書きマップ』で地図化ずみ)」をクリック

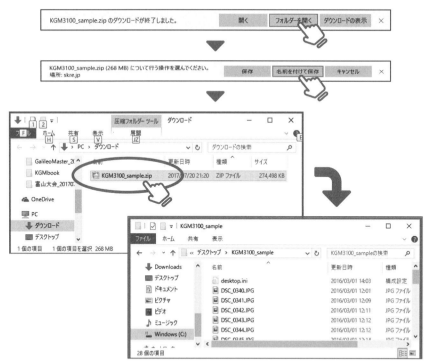

図10 サンプルデータのダウンロードと解凍

図11 『聞き書きマップ』を立ち上げ、「フォルダを選ぶ」をクリック

5章 『聞き書きマップ』を使ってみよう! 85

❹ 画面に出てくる表示に従って、サンプルデータを『聞き書きマップ』に読み込む(図12)。

❺ 『聞き書きマップ』の画面がこのようになったら、サンプルデータを使う準備は完了です(図13)。

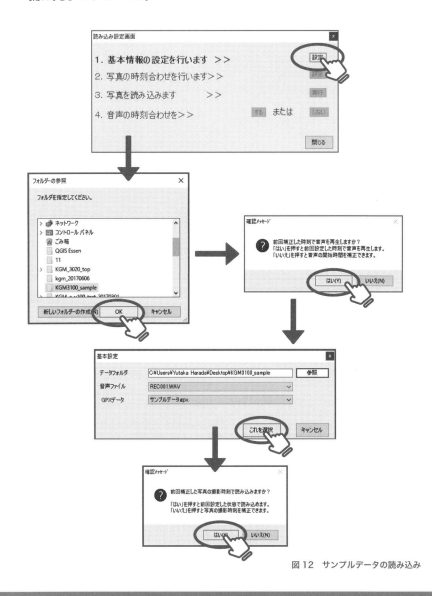

図12　サンプルデータの読み込み

86　第2部　使ってみよう!

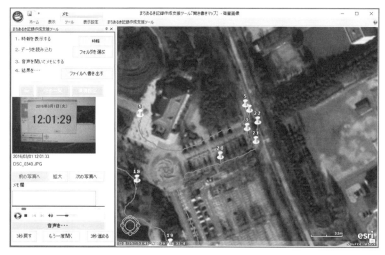

図13　サンプルデータの読み込みが完了

❷ 録音した音声の「聞き書き」作業

『聞き書きマップ』の操作は、「コントロール画面」で行います（図14）。このコントロール画面上で、現地で録音した音声の「聞き書き」をする手順は、以下のとおりです。

❶ コントロール画面の「前の写真へ」「次の写真へ」ボタンなどを使って写真を選ぶ。

▼

❷ すると、自動的に、その写真の撮影時刻から録音が再生される。

▼

❸ それを聞きながら、「メモ欄」にその内容を記入（キーボードから入力）する。

こうして記入したメモは、「次の写真へ」などのボタンをクリックすれば、**自動的に保存**されます。ですから、せっかく書いたメモをうっかり「保存し忘れた！」などという心配はご無用です。

5章　『聞き書きマップ』を使ってみよう！　87

図14 『聞き書きマップ』のコントロール画面と「聞き書き」の手順

> **ヒント!**
>
> 録音の一言一句を忠実に書き起こさなくても、要点だけ「メモ」すれば十分です!
> また、メモ欄の下に、音声を「3秒戻す」「もう一度聞く」「3秒進める」などのボタンが用意してあるので、これらを使って、何度でも聞き直しながら、マイペースで「聞き書き」作業を進めましょう!

③ 写真の拡大・大きい文字の使用

　コントロール画面に表示された写真をダブルクリックするか、その下の「拡大」ボタンをクリックすると、このような写真の拡大画面が表示されます（図15）。この画面では、文字サイズの変更もできるので、見やすい大きさの文字で「聞き書き」メモを作れます。

図15　写真・メモの拡大画面

④ 「メモの一覧」の利用

　「メモの一覧」ボタンをクリックすると、『聞き書きマップ』に読み込まれた写真とメモが、一覧表の形で表示されます（図16）。

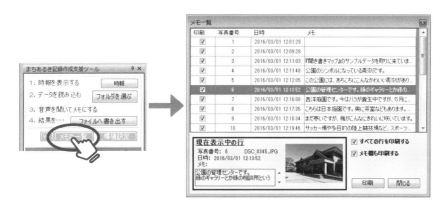

図16　「メモ一覧」の表示

5章　『聞き書きマップ』を使ってみよう！　89

この「メモ一覧」の画面から、どれかの行をダブルクリックすれば、すぐにその行に対応する写真と音声にジャンプすることができます。もちろん、地図の画面もそれに連動して動きます。

この機能を使えば、順番の離れた写真やメモでも、手早く選んで表示できます。

⑤ 「カード型一覧」の印刷

『聞き書きマップ』で作ったまちあるき記録を「カード型一覧」の形で印刷すれば、あとは、パソコンなどを使わなくても、これまでの地図作りと同じように、手作業で「安全点検まちあるき地図」などを仕上げることができます。次に、その方法を説明します。

❶ 『聞き書きマップ』のコントロール画面で、「メモの一覧」ボタンをクリック。

▼

❷ このような「メモ一覧」の画面が出るので、「メモ」欄に、「聞き書き」したメモが表示されていることを確認して、「印刷」ボタンをクリック（図17）。

▼

❸ これで、つぎのような「カード型一覧」が印刷されます（図18）。
これをハサミなどで切り離して1枚1枚のカードにすれば、これらを使って、手仕事で地図の仕上げをすることができます。

▼

❹ また、さきの「メモ一覧」の画面で、「メモ欄も印刷する」のチェックマークを外して印刷すると、

▼

90　第2部　使ってみよう！

❺ 図18の右側の絵のように、A4判1枚に8コマで印刷することもできます。

図17 「カード型一覧」の印刷

図18 印刷された「カード型一覧」の例

❻ 写真の一連番号付き地図の印刷

『聞き書きマップ』の地図画面も、写真の一連番号付きの地図として印刷することができます。これは、つぎの手順で行います。

❶ 『聞き書きマップ』の画面左上隅の地球型のアイコン（ArcGIS Explorerボタン）をクリック。

▼

❷ 表示されたメニューから、「印刷」を選ぶ。

▼

❸ 「印刷」画面が出るので、「ページとプリンタの設定」などを適宜行って、「印刷」ボタンをクリック（図19）。

▼

❹ このような地図が印刷されます（図20）。
この地図に示された黄色いピン印の番号が、「カード型一覧」の各カードの番号に対応しています。つまり、カードの番号と同じ番号のピン印のある場所が、そのカードの写真の撮影地点なのです。

　ここまでできれば、あとはもうコンピュータを使う必要はありません。
　印刷した「一連番号付きの地図」と、カード型一覧を切り離して作った写真・メモ入りのカードとを使って、手作業で地図を仕上げればいいわけです。

図19　写真の一連番号付き地図の印刷

図20　印刷された写真の一連番号付き地図

 地図の仕上げは手仕事で

　手作業で地図を仕上げる作業は、これまで各地で行われてきた地図作りの作業とほとんど同じです。

　これまでと違っているのは、『聞き書きマップ』から印刷された地図には、①まちあるきの経路を示す赤い線、②写真の撮影場所を示す黄色いピン、③写真の番号を示す（ピンの上の）数字が、すでに表示されていることです。カード型一覧を切り離して作った写真・メモ入りのカードの左上隅にも、この③に対応する番号が印刷されていますから、同じ番号のピンとカードを線で結べば、その場所で撮影した写真がどれだったのかが、一目でわかるようになります。

　こうして仕上げた地図の例を、図21に示します。

5章　『聞き書きマップ』を使ってみよう！

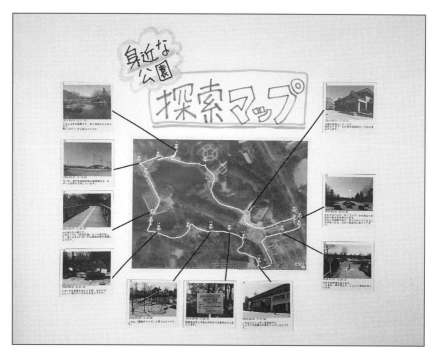

図 21 『聞き書きマップ』で作った安全点検まちあるき地図の例

いかがでしょうか？ もうお気づきかもしれません。

これは、1章（図2）で示した地図と同じものです。サンプルデータを使って、どなたでもこのような地図を作っていただけるのです。ぜひお試しください！

6章 取組み事例

まちあるきの当日が雨でも大丈夫！
（浦安市での準天頂衛星システムの実験を兼ねた取組みから）

『聞き書きマップ』は、実践の現場で使っていただくことを通じて成長してきました。本章では、こうして『聞き書きマップ』を育ててくださった皆様のなかから、5人の方々にお願いして、『聞き書きマップ』についてのご感想やご意見、今後に向けたご期待などを紹介していただきます。

柏　市

小学校における『聞き書きマップ』づくり

柏市立田中北小学校
吉田德子

　私達大人が子供達を 24 時間体制で守ることはできません。「自分の身は自分で守る」ということを一人一人に理解させ、必要な知識と技能を身につけさせる必要があります。そこで、私たちは科学警察研究所犯罪予防研究室特任研究官の原田先生と連携し、学校でできることを一つ一つ、着実に取り組みました。ここではその実践を紹介します。

1 実践するにあたって

　私達が実践した『聞き書きマップ』を作るという取組みは、これまで学校において作られてきた安全マップを作るという取組みとは少し違います。『聞き書きマップ』には、「主体的・対話的で深い学び」が存在するのです。しかし、それは今期の学習指導要領実施に向けてアクティブラーニングの重要性が指摘されていたことを先取りしようと考えたわけではありません。これまで私達が当たり前に指導してきたことと、その当たり前のことを子供に目を向けて丁寧に確実に進めてきたことが結果として「主体的・対話的で深い学び」をもたらしたのです。

2 子供達につけたい力

　本実践を通して子供達につけたい力を、次の2つにしぼり実践計画を立てました。

　〈危険予測能力〉たとえば、ここは危険だぞと予測する力、こうすれば危険になると予測する力、安全な方法をとろうとする力など。

　〈危険回避能力〉たとえば、危険を回避するために色々な方法を考える力、色々な方法の中から一番いい方法を考える力、一番いい方法を行動に移す力など。

　この2つの力を身につけることで、危険な状況に遭遇するリスクを減らし、仮に遭遇したとしても全力で自分の身を守ることができるようになると考えました。

3 実践内容

1 実態把握

　科学警察研究所が作成した「危険なできごとカルテ」（7章、148ページ）を活用して、小学校入学から現段階（小学校4年生）までに経験した事件・事故についてアンケートを実施しました。結果は以下の通りです。

危険な出来事、状況	発生件数
誘い、後追い、声かけ、露出	72件

飛出し、左右未確認、 自動車等接触	42 件
被害が一番多かった学年	3 年生
被害時期： 被害が一番多かった時期と時間	春・夏、15:00 ～ 17:00
被害を受けた時の人数	2、3 人
被害が一番多かった場所	路上

対象：第 4 学年児童 78 名、有効回答数：121 枚（1 人複数枚回答可）

❷ 授業構想

　本授業を社会科単元の「事故や事件からくらしを守る」に位置づけ実践することにしました。それは、本単元を通してねらう子供像と『聞き書きマップ』を作ることを通してねらう子供像が一致したからです。

　〈ねらう子供像〉安全を守るため、社会の一員として自分にできることを考え実践する子

　そこで、自分の身を守るためには自分の住んでいる地域を知ることが大切であるという考えから、住んでいる地区ごとに班編成して学びを深めることにしました。その際、一人一人の子供達が責任をもち主体的に学習に参加できるよう 1 グループの人数が 4、5 人となるように編成して学習をスタートしました。

❸ 学びを支える体制

(1)　校内の連携

　学びを進める際、担任任せにならないように学校全体の組織体制を構築しました。授業は 2 人体制（担任と教務主任、担任と柏市サポー

98　　第 2 部　使ってみよう！

ト教員、担任と教頭）で進めることにし、機器を使用するにあたって生じる授業以外の作業（PCへのデータ保存、デジカメの充電等）は各学年にも協力を依頼しました。このように全教員が関わり防犯学習を知ることで、学校全体の防犯意識を高め、ここでの学びを次年度以降も継続的に実践できるようにしました。

(2) 地域の連携

　町の安全がどのようにして守られているのかを調べていく中で、柏市の事故や事件が過去10年間で減ってきていることに子供達は気づきました。

　「どうして減ってきているのか」、「減ってきたのは色々な人が関わっているからだ」、と子供達は考えました。そこで、自分達が抱えている疑問を解決するために、「色々な人から話を聞きたい」と子供達から声があがりました。その疑問と解決方法は以下の通りです。

　〈疑問1〉自分達の地域を守ってくれている警察官はどんな仕事をしているのだろう。

　〈解決方法〉地域駐在所の警察官に話を聞きたい。

　〈疑問2〉地域の方々は、安全な町にするためにどのような活動をしているのだろう。

　〈解決方法〉子ども110番の店の方、町会長、本校交通安全隊の方々、柏市防災安全課の方々、PTA、地域で働いている方々に話を聞きたい。

　教員もまた、子供達に危険予測能力や危険回避能力をつけるためには、地域の危険を熟知している住民の力が必要だと考えました。子供達を危険から守るためには学校を中心として住民と一体となっ

た取組みが欠かせません。そこで、関係する方々に学校に来ていただいたり、子供達がフィールドワークに出て、自分達で聞き取り調査をしたりできるように調整を図りました。

④ 子供達の学び

(1) 学びを深める学習習慣

人の話をきちんと聞く、自分の考えをもち発信する、友達と意見交流しあい友達の考えと比較しながら記録をするという過程を、丁寧に繰り返し指導しました。このような当たり前の指導を『聞き書きマップ』づくりを通して行うことで、子供達は主体的に学ぶ楽しさを味わい、自信をつけていきました。

そのことが顕著に表れたのは子供達のノートです。これまで4、5行しか考えを書けなかった子供達も、ただ教師の板書を写すだけだった子供達も、しっかり自分の考えを書き、自分とは考えの違う友達の考えも聞いてまとめ、教師が指示をしなくても2ページ、3ページと考えを書き進めるようになったのです。そして、「もっとまとめる時間がほしい」と教師に要望するようになったのです。

(i) 積極的に取り組む力

本実践のねらいである「安全を守るため、社会の一員として自分にできることを考え実践する子を育てたい」をより具体的にして、「自分達の地域の安全を守るために自分達のできることをしよう」というゴールを示しました。話を聞く、町を歩いてインタビューする等のさまざまな体験活動を子供達主体で実施したことで、子供達自らが「調べたい」、「共有したい」、「まとめたい」と行動するようになりました。

(ⅱ) 学習を振り返り、次につなげる力

　子供達に毎時間の学びを振り返えらせる等のノート指導を進めたことで、ノートもまた思考を深める場となり、友達との意見交流も活発になりました。そして、次の学びの目標をもち主体的に参加しようとする意欲が向上しました。

　授業の最後には、地域の一員としての意識づけを図るため、「自分と地域、社会とのかかわり」をテーマにして、これまでのことを振り返って学んだことを一枚の紙に書き込ませていきました。

　自分を中心として自分の周りには大人達がいて、自分は大人達に守ってもらっている。その周りには「安全のために協力し合っている地域の人達」の存在がある。しかし、自分達は何もしていない。「自分は守ってもらってばかりではなく、何かできることはないか」と考えるようになりました。自分から安全を守るためのアプローチを書き込むことで、4年生の自分にもできることがたくさんあることに気づきました。「自分と地域、社会とのかかわり」をまとめた子供達は、子供リーダーとして活躍したいという願いをもつようになりました。

(ⅲ) 対話的に学ぶ力

　少人数の友達同士で学び活動する場面や、地域の方々との対話の場面を多く設定したことで、自分の考えと比較検討してさらに自分の考えを広げる学びができるようになりました。下記に対話の様子を記します。

　　Ｔ：安全な町であるためには何が大切でしょう。

　　Ｃ：危険な場所はみんなにわかるようする。

　　Ｃ：看板を立てたり、ポスターをはったりだね。

C：そうやって危険を知らせることも大切だけど、自分達自身も危険から身を守る方法や危険だと知ることも大切だよね。

C：そうだよね。それで危険が減って安全になるね。

C：ぼくはもっと大切なことがあると思うよ。子供110番のおじさんが言っていたよ。安全であるために一番大切なことは、挨拶だって。

C：そうか、挨拶することでお互いを知って、たくさんの人が知り合いになって、みんなが意識することで安全を守れるんだ。

ⅳ 深く学ぶ力

　さまざまな資料や情報の中から、ねらいにそった内容を選択したりまとめたり分析したり整理したりする活動を通して、これまでさまざまな学習で学んできたことと現在の学びを関連付けて理解することができるようになりました。

　自分達の町を知るためのフィールドワークを通して、町に廃屋があったり、汚れている道路があったりしたことに子供達は気づきました。そのことについて、地域の方々にインタビューした際、地域の方々が定期的にごみ拾いをしていることや、街灯のライトを交換したり街灯を増やす努力をしたりしていることを知りました。そこで、自分達も地域のごみ拾いをすることを考え、登校しながらスーパーのビニール袋にごみを集める活動をしました。この活動を通して、「きれいな環境によって安全が作られるんだよ」という町会長さんの話を体験的に理解することができたのです。

⑵ 『聞き書きマップ』の活用

　『聞き書きマップ』には多くのメリットがありました。3つの機器

だけで（デジカメ、GPS受信機、ICレコーダー）多くの情報を入手できる、ペーパーレスでのフィールドワークが可能、情報を画像や音声メモ等でデータ化できる、短時間でのマップの作成が可能、そして、学習の基礎基本（話す、書く、聞く）・主体性の向上です。現代の子供達にとって『聞き書きマップ』は、ゲーム感覚で楽しみながら多くの情報が得られるツールであり、『聞き書きマップ』を処理するパソコンもまた、興味を持続させながら取り組める機器でした。

子供達が作成した実際の『聞き書きマップ』

(3) 社会科から総合的な学習へ

　『聞き書きマップ』を活用して、地域の安全な場所や危険な場所をまとめた子供達は、それを学校全体に発信して全校の子供達が注意できるように啓発活動を行いました。また、学習中に地域の方々から「作成した地域安全マップを配ってほしい」という要望を受けたこともあり、地域の回覧板に載せてもらい配付しました。そして地域の一員として地域の安全のために自分に何ができるのかを話し合

いました。その結果、子供達は危険な場所に看板を立てたり、ごみを拾ったり、挨拶をしたりするという活動を自ら考え実践しました。このことで、地域住民の意識にも少しずつ変化が表れ、別の町会でも新たに街灯をつける活動が始まったり、学校の教育活動に積極的に参加するようになったりしました。

自分達が作ったポスターを町会掲示板に貼っているところ

4 『聞き書きマップ』から得たこと

　私達は2015年度、文部科学省と千葉県教育委員会から委嘱を受けて「防災教育を中心とした実践的安全教育総合支援事業」に取り組みました。『聞き書きマップ』は子供達が社会に参画する学習となりました。手探りではじめた『聞き書きマップ』作りは、子供達の成長に即した内容であり、子供達の実生活に役立つ学びとなりました。学んだ子供達は危険予測能力と危険回避能力を身につけることができ、『聞き書きマップ』は有力な学習ツールとなりました。

　安全教育は命をかけた教育です。指導する教員が命と安全に対する重さをしっかりと意識し、子供達が命と安全を守ることの厳しさ

を自覚するところから子供達の学びが始まります。子供達の命の危険から目をそらさず、さまざまな事件・事故に向き合い常に自校のこととして受けとめます。そして私達はこれからも子供達を守り、子供たち自身の安全意識をさらに高めて行動できるようにするために、安全教育の工夫改善に取り組みたいと考えています。

(よしだ・とくこ)

> 和 光 市

多様な主体が協働するツールとしての 『聞き書きマップ』

NPO法人こども・みらい・わこう　事務局
待鳥美光

1 「NPO法人こども・みらい・わこう」の紹介

　「NPO法人こども・みらい・わこう」は、子どもたちが幸せにくらせる社会をめざし、子どもたちの伸びやかな育ちと安全を守る地域づくり・まちづくりを目的として、埼玉県和光市を中心に活動しています。その母体である「和光市地域子ども防犯ネット」は、2001年に「和光市の子どもたちを犯罪の被害者にも加害者にもしない」ことを共通の願いとして、市民主体で立ち上げた市内全小中学校保護者が参加するネットワークです。2006年に、和光市地域子ども防犯ネットのコアメンバーによりNPO法人こども・みらい・わこうを設立し、活動の幅を広げるとともに、和光市地域子ども防犯ネットの安定的・継続的な運営を担っています。

2 新設小学校の開校に先立つ通学路の安全点検

　和光市では、2016年4月、9番目の小学校として「下新倉小学校」が新たに開校しました。「みんなで子どもたちを守ります！　下新倉小学校学区のフィールドワークと通学路安全マップづくり」事業は、下新倉小学校の建設計画が進んでいた2014年に企画し、市の協働事業提案制度の市民提案事業（2015年度実施）として採択されたものです。

106　第2部　使ってみよう！

新設小学校の建設予定地は、練馬川口線・水道道路に挟まれており、大型車両を含め交通量が多く、通学路での児童の安全確保が大きな課題となっていました。また、新設小学校が市民の利用する図書館、児童館、市民広場等との複合施設であることから、周辺道路の安全確保は広く公共性のある課題ともなっていました。

　私たちは、日頃から各学校の通学路の安全を図る活動をしており、新設小学校の開校前に学区の状況を把握し、マップを作成して新設小学校に通う子ども達に配布するとともに、地域の人たちにも子どもたちの通う道に関心を寄せてもらいたいと考えました。

　ちょうどその頃、和光市地域子ども防犯ネットの活動を通じて数年前に接点のあった原田豊先生とSNS上で「再会」する機会があり、これから始まる私たちの活動についてお話したところ、先生のご指導とご協力をいただけることになりました。

3 安全マップづくり活動の流れ

　2015年度の下新倉小学校学区フィールドワークと安全マップづくり事業では、3つのステップを踏んだ活動を計画しました。以下、実際の活動の流れを記します。

4月〜8月　準備
マップ原版として使えそうな地図の収集、GIS（地理情報システム）の研究・打合せ、『聞き書きマップ』等についての調査研究、科学警察研究所、一般社団法人・子ども安全まちづくりパートナーズへの協力依頼・打合せ、市関係課への協力依頼等
9月29日（火）　坂下公民館　スターティング講座開催 参加者28名

多様な主体が協働するツールとしての『聞き書きマップ』107

新設小学校建設工事の進捗状況（市教育委員会学校建設準備室・学校教育課）、新設小学校周辺道路の状況と交通安全対策（市道路安全課）、防災面から見た新設小学校と周辺地域の現況（市危機管理室）、周辺地域の犯罪発生状況と防犯対策（朝霞警察署）等についてレクチャーを受けました。新設小学校の周辺地域の安心安全を図る関係機関・セクションが一堂に会して顔を合わせ、その後のフィールドワーク等にも参加していただくきっかけとなりました。

10月5日（月）　坂下公民館　スタッフ研修　参加者12名

指導：科学警察研究所

協力：一般社団法人・子ども安全まちづくりパートナーズ

フィールドワーク当日にスムーズに『聞き書きマップ』を操作できるよう、原田先生にご指導いただきました。学区のフィールドワークを実施し、危険箇所をチェックしてマップに落とす作業を本番の予行として行いました。

10月14日（水）　第1回フィールドワーク　参加者28名
11月8日（日）　第2回フィールドワーク　参加者33名

『聞き書きマップ』についてのレクチャー（科学警察研究所・原田豊氏）

フィールドワーク、データマップ作成のグループワーク

協力：一般社団法人・子ども安全まちづくりパートナーズ

参加者：市教育委員会学校教育課、市道路安全課、危機管理室、市民活動推進課、ESRIジャパン㈱若手社員がボランティアで機器類操作協力、入学予定者や近隣の保護者、地域の自治会、保育クラブ職員、児童館職員、県議会議員、市議会議員等が参加

11月〜1月

フィールドワークのデータをもとに配布用安全点検マップを作成

1月後半〜2月前半

配布用安全点検マップ『歩いてみよう　みんなが通う道』印刷

2月13日（土）　下新倉小学校入学者説明会で全児童家庭に配布
下新倉学区を中心に関係機関等に順次配布

108　第2部　使ってみよう！

4 『聞き書きマップ』によるフィールドワーク

① フィールドワークの実施

　当日は、3コースに分かれてフィールドワークを実施。『聞き書きマップ』のツール（GPS受信機とICレコーダー）は各班2台で、パトロール用のベストのポケットにセットし、デジタルカメラは各班数名が持参しました。声の記録を明瞭に残すため、コメントを入力する時はできるだけボイスレコーダーに向かって話すようにしました。また、必ずデジタルカメラのシャッターを切ってから話すことを徹底しないと、後で音声を文字に起こすときに位置と内容がずれてしまうことになるので注意が必要です。

　フィールドワークから戻ると、まず最初に写真のデータをパソコンに落とし、印刷しました。また、GPS情報と音声データを入力し、チェック地点がマークされたマップを出力して、音声データを確認しながら、各地点のコメントを付箋メモに記入し、マップに写真とともに貼りこんでいきました。これをグループで手作業で行うことにより、フィールドワークの結果をグループで共有し、整理することができました。各グループのできあがったマップを最後に全体で共有しあい、原田先生から講評をいただいて、フィールドワークを終了しました。

② 配付用マップの作成

　この後、実際に配布するマップを、フィールドワークのデータに基づいて作成していく作業を、スタッフを中心に、参加した行政各課（道路安全課、教育委員会、危機管理室、市民活動推進課）や保護者の意

見を聞きながら進めました。たとえば、低学年の児童にもわかりやすい表現への修正や、記号・線の色に至るまで、詳細なチェックをしていただきました。

グループワークのようす

具体的には、以下の手順でデータを整理しました。

① チェックした地点と写真、音声データを文字起こししたコメントを突き合わせて、重複する写真やコメントを整理する。

② コメントを、行政(教育委員会、道路安全課、県土事務所、朝霞警察署)に要望する事項と、配布するマップに掲載し注意喚起すべき事項に分ける(要望用マップを別途作成しました)。

③ マップに掲載する地点について、再度現地を確認し、すでに改善済みの地点等があれば記載内容を更新し、最終的にマップに掲載する地点を確定する。

危険箇所をマップに掲載するにあたり、どのように載せるかについては、スタッフでかなり議論しました。危険箇所について、危険を回避する方法の確定的な正解を提示することはできないので、危険箇所について注意を促す表現にし、マップを見ながら保護者と一緒に考えてもらえるような記述にしました。下新倉小学校全児童の

下新倉小学校の危険箇所マップ

家庭に配布予定だったので、できるだけ一年生でもわかる言葉を使い、子どもたちに関心を持って手にとってもらえるよう、スタッフ手描きのイラストを入れるなどして工夫しました。配布する際には、保護者が子どもたちと一緒にマップを見ながら通学路を歩いて、危険箇所での安全確保の方法について話し合ってもらえるよう働きかけを行いました。

印刷をしていただいた㈱東京地図研究社には、マップのデザインの他、たとえば、（地図の上を北に合わせるのではなく）下新倉小学校が地図の真上にくるように方角を合わせて見やすくするなど、さまざまな提案をいただき、またイラストを入れる位置の指定など私たちの細かい注文にも対応していただいて、一緒にマップを作り上げていただきました。

マップは2000部印刷し、下新倉小学校の初年度の全校児童約

400名全家庭に配布した他、併設の保育クラブ、児童館、図書館等や近隣の保育園、自治会等に配布しました。また3年間は新一年生に配布できる数を保管し、2017年度新入生にも配布したところです。

⑤ 『聞き書きマップ』の利点と課題

1 交流から生まれる連携と意識の変化

　以前のフィールドワークでは、危険箇所のチェックポイントで立ちどまり、気づいたことをメモをとりながら歩き、会場に戻ってからその地点を地図上で探してマークするという作業でした。回るのに時間がかかり、雨が降ればお手上げになります。『聞き書きマップ』は、事前の準備が整えば、GPS受信機とICレコーダーを装着し、チェックポイントでデジタルカメラのシャッターを切ってしゃべるだけでよいので、効率よく回ることができます。また、2回目のフィールドワークは雨でしたが、傘をさして回ることに支障なく、雨の日の子どもたちの目線で、傘で視界が遮られて見える風景が変わることを実感できました。

　今回の事業では、原田先生はじめ科学警察研究所や子ども安全まちづくりパートナーズのご協力を得て、スムーズにフィールドワークを行うことができましたが、自分たちで『聞き書きマップ』を使いこなすには、もう少し習熟する必要があると感じました。

　そして、最後に『聞き書きマップ』やGISを活用してマップを作る時に、私たちが常に原点においていたのは、マップが子どもたちの命を守るひとつのツールとして活用されることであり、同時に作成の過程で得られるさまざまな人のつながりや意識の変化こそが最も大きな成果であるということです。

『聞き書きマップ』は、それまで手作業で安全マップ等を作成して
きた私たちにとって、便利で目新しい道具であり、ともすればマッ
プを作ることが最終目的のように思ってしまいがちです。しかし実
際に使ってみると、音源データを文章に起こしたり、グループワー
クで手作業によるマップ作成等があり、すべて自動的・機械的にマッ
プ上にアップされるのではないプロセスが用意されています。こう
したグループワークを、私たちの事業では、保護者や一般市民の参
加者と、行政各課の職員、保育クラブ等の職員が同じテーブルで共
同で行いました。

このプロセスを経て、ふだんは要望や苦情を言う側と言われる側
になることの多い市民と行政職員が、子どもたちの安全を守るとい
う共通の目的に向けて一緒に考えていくパートナーへと関係性が変
化します。行政職員もいつもとは違う目線で、また保護者や地域の
人たちと言葉を交わしながら現場を確認することで、ともに改善案
を提起する側に立ち、比較的縦割りだった各課が連携して危険箇所
の改善を図る動きも生まれ、間をおかずに、できることから危険箇
所の改善を進めていくスピーディな対応に結びつきました。

試作段階のマップについても各課から意欲的・積極的な意見をい
ただくことができました。

成果物としての安全マップを作成配布し、子どもたちや保護者、
住民の安全への意識を喚起していくことがこの事業のゴールです
が、多様な立場の参加者が連携したこのフィールドワークによる目
に見えない成果は大変大きかったと考えています。

多様な主体が協働するツールとしての『聞き書きマップ』　113

❷ 実際の改善箇所

　フィールドワークで要望の出た地点で、改善された箇所をご紹介します。

(1)　グリーンベルトの設置を要望し、設置されました。

(2)　坂からV字に曲がるところで、巻き込み防止のためポールと階段の設置を要望していたポイントです。階段ができました。

(3)　ガードレールが破損していたポイントに、新しいガードレールが設置されました。

(4) 歩道橋にとりつけられた表示板の上部がギザギザしていて、子どもが手をすべらせたりすると怪我をするポイント、表示板上部にカバーがとりつけられました。

3 これからの課題

　新設小学校学区でのこの事業は、翌年から市内全小学校学区を3年間で一巡する形で展開しており、2016年度には残り8小学校のうち3小学校学区で通学路を中心とする安全点検のフィールドワークを実施しました。作成したマップは、インターネット上でも公開しており、状況の変化や新たなチェックポイントがあがった時点で随時更新しています（https://npo-kmw.maps.arcgis.com/home/index.html）。

　2016年度以降の事業については、機器類購入の予算が確保できなかったこと、購入予算を何とか団体予算から捻出したとしても事前準備やデータ取り込み、機器にトラブルが起こったときの対応等、団体スタッフだけでの対応は難しいと判断したこと等から、『聞き書きマップ』の使用を断念し、スマートフォンの簡単なアプリケーションを代替として実施しました。『聞き書きマップ』のスマホ版開

発はすでに進められているとお聞きしており、早急な実用化を期待
しています。

（まちどり・よしこ）

浦安市

地域で取り組む自主防犯活動での活用

NPO 浦安防犯ネット代表
村瀬恵子

 1 『聞き書きマップ』との出会い

①　NPO 浦安防犯ネットの設立経緯と取組み

　2004 年 6 月 1 日に NPO 浦安防犯ネットを設立しました。きっかけは、2004 年「日本一犯罪の多いまち浦安」と週刊誌に掲載され、不審者情報も多く寄せられるようになったことでした（浦安市における刑法犯認知件数は、2001 年度は 5,645 件でしたが、2016 年度は 1,651 件まで減少しています）。当初の構成メンバーは、元 PTA 会長・民生委員・自治会役員・学生・社会人など 15 名です。

　設立以来 14 年、地域住民が安心した生活が送れ、子ども・高齢者・障がい者を犯罪から守り、安心して暮らせる環境づくりと人づくりに力を注いできました。代表の私が医療従事者であることもあり、人命の重たさや次世代を担う子供たちの安全、これから訪れる超高齢化社会に向けての活動に重点を置いています。子ども・青少年を犯罪から守ることが急務であることから、地域密着型のパトロールを実施し、安全教育の防犯講習会を警察や行政と連携をしながら開催しました。また学校や各団体と情報共有しながら安全なまちづくりに貢献し、地域活性化とネットワークづくりにつとめています。

❷ 試験運用に同行して

　私達、NPO 浦安防犯ネットが『聞き書きマップ』に出会ったのは、今から 5 年前に遡ります。厚木市で行われた最初の試験運用に同行させていただきました。当初は、デジタルカメラ・GPS 受信機・IC レコーダーのこの 3 点の機器だけでどのような形のマップができるのか本当に興味津々でした。試験運用の日は雨で、子どもたちや高齢者には、通学路や生活道路は非常に危険な状態です。むしろこの環境設定での試験運用が有事の際には、効果的であるとも思われました。

　今まで経験したことのある安全マップは、個人の頭の中に記憶として残存したものを持ち帰り、抽出し紙に書き起こしていました。恐らく、10 人が参加したら 10 人分の記憶に頼りながら作成するため、誤差と認識違いがはっきり表れてくると思われます。しかし、デジタルカメラを使用する事により誤差どころか画像として明確に記録されているため誰が実践しても同じ効果が得られることに驚きを感じました。

　また、位置情報の正確さやその場で生の声で情報をしっかり残せることは、大きな財産づくりであるとも感じました。大人や子どもが実践しても大きなデータとしての差が出ないこと。むしろ 3 世代でチームを作り、まち歩きをすることで自分達のまちを再認識するだけではなく、あらたなコミュニケーションが生まれ、地域安全を共に考えられる安全教育ができる素晴らしさを体験できました。

❷ 浦安市の概要

　浦安市は、ディズニーリゾートで有名ですが、市内は 4 キロ圏内

とコンパクトシティであることも特徴で、そのため防犯・防災の面からも非常に連携が取りやすい環境にあります。しかし、大型レジャーランドがあるということは、浦安市人口と同じぐらいの人達が来場するということでもあります。それを考えると、安全で安心なまちづくりは、大きな課題でもあり、また2025年に向けての超高齢化社会に直面する社会全体の課題でもあります。

　浦安市で取り組もうと考えたのは、これから次世代の子ども達に安全の担保として親世代が何を残していけるかという知的財産としての視点と、安全神話が崩壊した社会の中で、浦安市が超高齢化社会と少子化時代に向けて安全・安心のまちづくりをし、そのためのシステムづくりとして何かできないかと考えたからでした。

3 『聞き書きマップ』への最初の挑戦

　そのように考えているときに『聞き書きマップ』と出会い、私たちも挑戦してみました。一番はじめは、浦安市の行政に知っていただくことから始まり、青色回転灯で浦安市役所防犯課職員と原田先生と一緒に市内を回り、GPS受信機・デジタルカメラ、ICレコーダーを使用して、市内を循環しながら記録を続けました。浦安市の職員と一緒に回ることで、浦安市内で起きている事件・事故の発生場所の位置や地域性等の説明をもらいながらまわることができ、通学路の改善箇所の提案や電灯の明るさ、防犯カメラの設置への提案につながりました。その結果、浦安市内の盲点に気づかされ、ひったくり犯の逃げ道や子ども達の通学路の再点検に繋がりました。浦安市は、東京都江戸川区・市川市に隣接しており、ひったくり犯や、不審車両などの逃走経路として逃げ易い道路事情であることをこの『聞き書きマップ』の実証実験を行う中で知ることとなったので

地域で取り組む自主防犯活動での活用　119

す。

　また、子ども達と一緒に『聞き書きマップ』で通学路を歩いていると、「この場所で良く、リュックサックを背負った中年男性が小学生の下校時に写真を撮っていたり、見知らぬ男性が橋から小学校の校門に向けて望遠レンズで写真を撮っているのを見かけた」、「ここに夏になると裸の男の人が寝ている」、「橋の腐った部分を、子ども達が雨上がりの日に傘で突っついて崩れかかっている場所や草が生い茂る中、車が子どもの目線から見えにくく交通事故になり易い環境」など子ども達が大きな声で大人に説明してくれた姿は印象的でした。そこは、大人が自転車や車で往来していて気づかない場所でした。このように、『聞き書きマップ』は、普段の大人たちの目線で気づくことのできない場所や、子ども達の普段の行動範囲の広さやパターンを発見できるツールだと感じられました。

　また、パソコンとデジタルカメラ・GPS 受信機・IC レコーダーさえ準備できればすぐに実践できることは、本当に魅力的です。行政や警察を巻き込む事は何よりも心強い味方であると同時に、多職種・他領域の方達が一緒に行うことで、さまざまな視点からの発見ができると思われます。

4　準天頂衛星システムの社会実証実験への協力

　このように『聞き書きマップ』の有用性を強く感じたことが、2014 年 3 月 2 日の準天頂衛星システムの実証実験に繋がりました。この日は、官・民協働で『聞き書きマップ』作製を行い、大人や子どもの目線から、地元密着で実証実験できたことは本当に素晴らしい体験でした。『聞き書きマップ』を通じて新しいコミュニケーションが生まれ、新しい気づきも生まれました。それは、時代がか

わってもデジタル媒体として残り、美しい状態で保存できていくことから、この浦安市にとって東日本大震災も経験した地域であるからこそ、防犯・防災の両輪からこの『聞き書きマップ』が有効であることに気づきました。

　3・11の東日本大震災をきっかけとして、写真や言葉の記録を年次ごとに残していくことにより、震災からまちがどのように復興していったのかなどを、記憶としてではなく、浦安における震災からの歴史として、復興の記録として、詳細にさらに鮮明に残せることは、新たな浦安のまち作りや地域作り、危険個所点検などに大いに役立てられるのではないかと思います。

5 『聞き書きマップ』のもたらす効果

　今まで作成していた安全マップは、年代とともに保存することが難しく、歴史的な比較もできないものであり、一過性のツールでしかありませんでした。実際、小学校で作成したが個人個人の記憶に基づき紙に記入し、掲示している間にも汚れてしまったり切れてしまったりと継続的な資料として保存することには、不向きであったように思われます。

　一方、『聞き書きマップ』では、情報をすぐに電子媒体に取り込むことができ、画像も添付することで視覚アプローチが高いものです。このツールがあることにより警察や行政と連携が取り易く、巻き込みながら一緒にできることは、犯罪抑止や予防犯罪に繋がっていく最強のアイテムです。

　この活動を通じて感じたことは、『聞き書きマップ』を実践するどの世代も、歩きながらたくさんの人と触れあっていることです。皆だれしもが活き活きしながら実践し、その地域の特徴や新しい発見

に気づくなど、非常にやりがいを感じていました。

　浦安市は三方を海と川に囲まれた「陸の孤島」でしたが、1964年から始まった埋め立て事業により約4倍に拡大し、急速に都市化が進みました。1983年に大型テーマパークがオープン、周辺地区に大型リゾートホテルが建設され、国際色豊かなまちになりました。地下鉄東西線、JR京葉線も開通し、市民の半数が東京23区内に通勤するなど交通面で利便性も高いことから、東京ベイエリアを代表する都市として発展を続けています。また、埋立て以前からあった浦安の「もともとの町」、かつて漁業で栄え、今も釣り宿や銭湯、海苔店などがあり、昔ながらの漁師町の面影が残っている地域もあります。高層住宅群や広々とした公園、緑地、海に面した道のヤシの木など、開放的なリゾート感が漂う地域、東京ディズニーリゾートや陸上競技場、野球場などが集まる地域もあります。このように、新旧の街並みが存在するコンパクトシティであること、子どもからお年寄りまで住みよいまちであるとあらためて発見し、気づかされました。

6　今後の課題と期待

①　今後に向けて

　2025年には地域共生社会が訪れ、地域活性化も求められる時代に、準天頂衛星システムによって位置情報の緻密さや正確性がさらに高まれば、『聞き書きマップ』もさらなる飛躍をとげ、私達市民に安全という財産をもたらすと期待されています。

　『聞き書きマップ』は、私たち自主防犯活動の支援を後押ししてくれるツールでもあり多角的に視覚で訴えられることは画期的です。し

かし、さまざまな現場での試験運用を試していくことや、多様なフィールドワークのための市民レベルの活動でも使用できるようデータ収集・入力システムがさらに簡便になり、防犯・防災のデータ蓄積を行い、地域財産としてとして大きく成長していただきたいとも考えています。また、今後の課題として、電子媒体は、どの年代も必ずしも常備品として持っているものではないため、学校や地域で実践するためには、備品として確保する必要があります。

『聞き書きマップ』の一番の魅力として、小学校や中学校などの安全教育の一環として導入できることが大きな点です。また、学校教育としての導入であれば、親の目線ではなく、子ども達の日常生活の中から我々大人が気づかされることもあります。そうした情報を地域でどのように活用していくかも課題だと思われます。希薄になりつつあるこの社会の絆をどのように再構築し活性化・見える化できるかが、『聞き書きマップ』に託された使命のように感じられます。安全の見える化は、市民にとっても非常に重要であり、今後ニーズが高くなってくると考えられます。

②　NPO主催・人材育成としての防犯トップリーダー養成講座浦安塾

これまでの活動を通じて、子どもたちの安全点検のツールとして、また地域の危険箇所の情報ツールとして、防犯活動する強い味方でもあり、同時に見える化できたことは、浦安でトップリーダー養成講座や安全リーダーサポーター養成講座などの人材育成の際の簡単に使えるツールとしても、『聞き書きマップ』を役立てることができました。また、防犯・防災活動に興味がない受講生も新しい切り口に興味を示し、身近に感じでいただける良いきっかけづくりでもありました。今後、NPO団体として市民への啓蒙活動や安全・安

心まちづくりのアイテムとしての『聞き書きマップ』を、人々に知っていただくことに力を注いでいきたいと思います。

　将来、準天頂衛星システムに対応することで、精度がさらに向上すれば、『聞き書きマップ』は、私達にも身近な情報の受発信基地として、地域安全の拡大にも繋がるでしょう。『聞き書きマップ』に込められた思いは、簡単に誰もが導入できるものへと進化し、日本全体に広がりを見せると思われます。社会の課題となる認知症の徘徊問題などや介護社会における諸問題の解決策や震災時の記録史として、大きな役割が担えるようになるのではないかと考えています。ますますの『聞き書きマップ』の発展に期待をしています。

（むらせ・けいこ）

厚木市

『聞き書きマップ』による
安全マップづくりを実施して

厚木市協働安全部
セーフコミュニティくらし安全課　主任
上野 進

1 『聞き書きマップ』を導入した経過

　厚木市は、WHO（世界保健機関）が推奨するセーフコミュニティ（以下、「SC」という）に取り組んでおり、市民の皆様とともに安心・安全なまちづくりを推進しています。2010年11月に日本で3番目、世界で223番目にSC認証を取得し、2015年にSCの認証制度で定められている5年に1度の審査の年を迎えたことから、7月に現地審査を実施し、11月に再認証取得を果しました。

　安全マップづくりは、SCの取組みの1つとして2012年度から事業化しています。住民の皆様に、住んでいる地域で起こっている事件や事故を知っていただき、住民の皆様が主体的に必要な対策を講じることができるよう支援することで、地域の安心・安全な活動が活発化することを期待しました。また、安全マップを完成させることを成果にするのではなく、実施後に地域の安心・安全な活動がさらに活発化し、安心・安全に対する意識が高揚するような支援を進めました。

　安全マップづくりの事業化に向けて、まず着手したことは、①安全マップづくりの専門家を探すこと、②安全マップづくりのプロセスを確認することの2点でした。インターネットや書籍を確認してわかったことは、安全マップづくりの専門家は少なく、また、完成

までのプロセスは、環境や状況に合わせて自由に実施できるということでした。そんな中、日本市民安全学会の研修会を通し原田氏に出会い、『聞き書きマップ』による安全マップづくりを知りました。今まで見たことのない新たな手法による安全マップづくりに興味を持ち、厚木市でも実施することになりました。

2 『聞き書きマップ』を実施してわかったこと

『聞き書きマップ』を実施することになり、安全マップを作る過程が、これまで実施してきた安全マップづくりと異なることから、いくつか不安に思っていることがありました。担当者として、不安に感じていたことは、次の2点です。

① 子どもや高齢者が、『聞き書きマップ』に必要なGPS受信機、ICレコーダー、デジタルカメラを使いこなすことができるか

② 危険個所等のメモを取らずに、参加者が点検した感覚になるか

実施後、実施する前に感じた不安は、すぐに解消されました。機材の扱いについては、子どもも大人も機材を手にしているうちにすぐに慣れていきました。また、危険個所の写真を撮り、危険個所等に対する意見や経験談を話し合うという単純な作業はすぐに馴染み、時間が進むにつれ活発に意見を交わすことができていました。

『聞き書きマップ』による安全マップづくりを終えた参加者からは、「現代的な方法で安全マップづくりができて新鮮だった」、「点検することに集中でき、危険個所に対する対処法の話もできた」などの感想があった一方で、「住民だけで『聞き書きマップ』を行うのは難しい」、「必要な機材を行政で貸し出してほしい」、「実施日当日に成果品を確認したい」などの意見があり、今後、継続的に実施して

いくためにクリアしなければならない課題を確認することができました。

また、実施する中で担当者として、『聞き書きマップ』の新たな魅力に気づくことができました。支援をする立場から感じた魅力は次のとおりです。

1▶ 発言者以外の反応も確認できる！　小さな意見も聞き逃さない！

今までの安全マップづくりは、グループごとに危険個所を確認し、代表者が記録していました。たとえば、「この曲り角は見通しが悪く、危ない」という意見に対して、地図上に記録する作業です。誰が、どのような状況で危険に感じていたのかを示す場合は、発言者、記録者の思いが反映されることが多くあったように思います。

『聞き書きマップ』の場合は、ICレコーダーに記録されているので発言を振り返ることができます。1つの意見に対するグループの反応、同調する声を確認することもできますし、意見を出した方以外のエピソードなども確認することができるため、グループの限られた方の意見に偏らず、グループ全体の意見、反応を安全マップに反映することができました。

2▶ 地域資源を発見！　世代間交流もできる

危険な場所を記録し、発言者のメモを取る必要がなく、目で点検し、危険個所について話をするという作業に集中できるのも『聞き書きマップ』の魅力の1つです。

2013年に市内小学校の児童、PTA、小学校の地域内の自治会の役員の皆様を対象に『聞き書きマップ』を実施した時には、児童、

保護者、先生、地域の自治会の役員が1つのグループになり安全マップづくりを実施しました。記録を取る必要がないため、参加者同士で話をする場面が増え、安全点検から脱線することもしばしばありました。花壇に咲いている草や花の話、住んでいる地域の昔話など、世代を超えて色々な話をする様子が記録されていました。記録されていた会話の中には、2、30年前に通学路として使っていた用水路のトンネルがあった話、神社の御神木の伝説などの貴重な話もありました。参加した児童にとっては、住んでいるまちを知るいい機会に繋がったと思います。

『聞き書きマップ』実施の様子

❸ データで保存することができる！　再点検にも便利

　作成した安全マップは、自治会館など地域の方が集まる場所に掲出することが多く、時が経つにつれ、傷んでゆきます。『聞き書きマップ』は、作成した安全マップをデータで保存しているため、再掲出も容易にできます。
　また、再点検をするときに、以前点検したデータを活用できるの

も大きな魅力です。厚木市では再点検の実例はありませんが、再点検を行う際に、以前確認した危険個所、危険個所に講じた対策を記録しておけば、再点検の際に過去から現在までの経過を可視化できるため、より効率的に、効果的に安全マップづくりができ、地域の安心・安全な取組みが活発化していくと考えています。

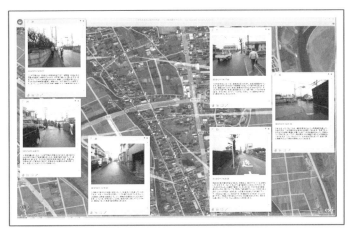

完成した安全マップの一部

3 開発者の柔軟な姿勢

『聞き書きマップ』のプログラムを実施後、原田氏とプログラムについて意見交換をする機会があり、実施者から出た意見や行政が継続的に実施していくための課題について話をしたことを覚えています。意見交換をする中で、2つの事柄について方向性を示していただきました。1つ目は、実施日当日に成果品を確認したいという要望に対して、点検して歩いた経路と点検個所の一覧を出力できる機能を追加いただいたこと、2つ目は、行政が必要な機材を一括管理することを想定し、必要な個数、金額について意見交換し、原田氏に「まちあるきセット」販売の提案と『聞き書きマップ』の継続的

支援のため仕組みを検討いただいたことです。

　厚木市は、SCに取り組んでいることから、安心・安全に関する研究者の方々からの支援を受けることがありますが、提供を受けたプログラムが厚木市の環境、状況に合わずうまく機能しなかったケースや厚木市が支援していただきたい内容と提供いただけるプログラムが一致しないケースがあった中で、今回、『聞き書きマップ』のプログラムの実施を通して、プログラム開発者と実施者の相互で意見交換や相談ができる関係性を築くことで、支援いただきたい内容と提供いただけるプログラムの距離を縮めていくことができると強く感じました。原田氏から『聞き書きマップ』の話を聞く度に、プログラムが変化し改善されていることを確認しています。『聞き書きマップ』をよりよいものにするために、『聞き書きマップ』を実施する度に、実施者に意見や感想を求め、改善のヒントを見つけているのだと感じました。最近では、準天頂衛星システムへの対応を目指していると伺っています。『聞き書きマップ』のプログラムが、今後、さらに進化し、より実施者に沿ったプログラムになることを期待しています。

（うえの・すすむ）

秩父市

『聞き書きマップ』で簡単・科学的に
安全なまちづくりを実現！

秩父市役所
山田省吾

1 導入の経緯

　「理論」と「測定」により、犯罪を防ぐ。2012年9月、小諸市で開催された日本市民安全学会で、原田先生が、約70人の児童にリストバンド型のGPSロガーを持たせて、放課後の行動パターンを調査した結果を報告していました。その報告に驚きました。子どもたちの行動範囲は想像以上に広く、また、予測していないようなところにまで及んでいました。「子どもたちの行動範囲と犯罪の危険がある地域（場所）を重ね合わせて対策を考える」という、とても理にかなった内容でした。

　この仕組みは利用できると思い、原田先生に連絡したところご快諾いただき、秩父市での『聞き書きマップ』づくりにご協力いただけることになりました。

2 セーフコミュニティ

　秩父市では、2015年11月に、世界保健機関（WHO）が推奨する安全で安心なまちづくり「セーフコミュニティ（SC）」の国際認証を取得しています。併せて学校版の「セーフスクール（ISS）」も取得しました。このSC・ISSは、一言で説明すると「科学的な根拠に基づいた安全対策を市民が一体となって推進するまち（学校）」という

ものです。当然、安全なまちづくりは、どの自治体であっても最優先施策の一つであり、市民や関係機関が協力し合って取り組んでいます。では、SC・ISS は何が異なるのか？　それは「科学的な根拠に基づいている」という部分になります。

　たとえば、防犯対策を例にみますと、秩父市では「ひったくり防止」と書かれたのぼり旗が金融機関の周囲などに掲げられていました。ところが、過去のデータを見ても、秩父市内で「ひったくり」の事件は 1 件も発生していませんでした。もちろん、注意喚起が功を奏しているとも考えられますが、せっかく経費をかけて対策を講じるのであれば、実際に被害が増加している「振り込め詐欺」などの対策を重点化する方が効果的です。

　しかし、一概に「科学的な根拠に基づいた取組み」と言われても、どうやって根拠づければいいのか、自治体や地域の人たちにはノウハウもお金もありません。そこで、『聞き書きマップ』の登場です。まさに、根拠に基づいた取組みが簡単に実現できるツールです。犯罪を完全にゼロにすることは不可能です。しかし、発生頻度を減らしたり、被害を小さくすることは可能です。そのためには、子ども自身の行動範囲を正確に把握し、見守りの「目」が行き届く工夫を施す必要があります。こうした理由から、『聞き書きマップ』に取り組むことになりました。

3 地域での安全点検

　『聞き書きマップ』のツールや点検手法については既述と存じますので、秩父市での特徴に絞って説明します。秩父市では、ISS に取り組んでいる学区（小学校 2 校・中学校 1 校で構成）を対象に、『聞き書きマップ』を 2 年にわたり実施し、延べ 100 人ほどが参加しまし

132　第2部　使ってみよう！

た。科学警察研究所、明治大学、子ども安全まちづくりパートナーズなどのご協力をいただき、大学生にも参加してもらいました。地域からは、セーフコミュニティの対策委員会を通じて、児童・生徒、PTA、教師、自治会、行政職員など、さまざまな立場の人が参加しました。学校の安全に直接関係のない老人クラブの皆さんにも参加していただきました。さまざまな立場の人に参加してもらうことで、多様な意見が出るだけでなく、お互いの立場を理解しあう契機にもなると考えたからです。

1年目は、あいにくの雨天となりましたが、『聞き書きマップ』が威力を発揮し、傘を差しながら、簡単に点検作業を行うことができました。通常の図面を使うケースでは、「雨天中止」となるのでしょうが、雨天時だからこそ見えてくる危険もあります。「グレーチングが滑りやすい」、「傘で車に気づかなかった」など、危険箇所を体感してもらうことができました。完成した地図は学校内に掲示し、参加できなかった多くの保護者や子どもたちに情報を共有してもらうことができました。

雨天でも地図を持たずに安全点検ができます

2年目は、『聞き書きマップ』がバージョンアップして、より使い

やすくなっていました。車いすでの安全点検も追加して実施しました。「小さな段差でも一人では乗り越えられなかった」、「狭い道路で車とすれ違うときは危なかった」など、新しい「気づき」も生まれました。2年連続して参加した人もいて、「これなら自分たちだけでも使える」という感想も出ていました。この事業をきっかけに、老人クラブでは、社会福祉協議会との共催により、車いすの安全点検を定期的に実施するようになりました。今のところGPS受信機は使わずに簡易的な方法で行っていますが、着実に活動の広がりが見られるようになっています。

みんなで作った地図は参加者全員で情報共有します

4 『聞き書きマップ』は魔法のツール

① 良いところ

『聞き書きマップ』は、①簡単、②安価、③主体的、④科学的に取り組めます。従来は、学校もPTAも地域の人も、どこにどのような

危険があるのか、経験と勘を頼りに判断するしかありませんでした。しかも、PTAや子どもたちは、年々入れ替わっていきますので、情報や経験の蓄積にも限度があります。毎年リセットされ、一から準備を始めることになり、時間も手間もかかってしまいます。『聞き書きマップ』は、そこに新たな可能性をもたらしてくれました。従来は、安全点検を年1回程度しかできなかったのに、繰り返し実施して、蓄積した情報を重ね合わせていくこともできます。安全点検で指摘された危険個所が後日改善されたケースでは、参加した子どもたちから大変喜ばれました。根拠に基づく改善ですので、当然、事故防止の効果も期待できます。セーフコミュニティの事務局に、「子どもが通学路の安全柵が倒れているのを見つけた」など、学校から直接改善の依頼が来ることもありました。子どもたちだけで組織されている「セーフスクール委員会」の活動が活発なことの表れだと嬉しく感じています。『聞き書きマップ』は、秩父市の安全対策に取り組む人たちに「科学的根拠」という魔法をかけてくれました。

子ども、大人、市外から参加した大学生などが
それぞれの視点で安全チェックをします

②▶ より良くする為に

　一方で、まだ改善の余地も残されていると感じました。まち歩き後のワークショップで議論する際に、写真やコメントのマップづくりに没頭してしまうため、「ワイガヤ」的な盛り上がりに欠けてしまう印象がありました。個々の意見だけでなく、一緒に点検したメンバー全員でワイワイガヤガヤと意見交換をするからこそ、課題解決につながるのだと思います。そのためには、写真・コメントにプラスして、たとえば、実際に交通事故、犯罪や不審者情報のあった場所等をマップに落とし込めるようにして、仕上げのワイガヤ議論をしてもらうような仕掛けがあれば、さらに充実するのではないかと思います。

5 今後の可能性

　『聞き書きマップ』づくりに参加したメンバーで、消防団活動に参加している人から、「消火栓マップづくりに活用したい」という提案がありました。数年前の大雪災害の際、消防団員が総出で消火栓を掘り出す作業に当たりましたが、事前に『聞き書きマップ』を使って消火栓の正確な位置を地図情報化しておけば、もっと迅速に作業ができただろうと話していました。

　また、秩父市は高齢化が急速に進んでいます。認知症の徘徊対策は、高齢者の安全を確保するための重要な課題です。専門家ではありませんので詳しいことはわかりませんが、もし高齢者の行動にパターンがあるのであれば、一定期間GPS受信機を持ってもらい、行動の特徴を把握しておくことで、万が一行方不明になってしまった場合でも、短時間で発見できるかもしれません。

さらに、秩父地域は観光名所としても有名です。たとえば、レンタサイクルの利用者に協力してもらい、GPS 受信機を自転車につけておけば、観光客の行動パターンを分析することができます。年代別に、どのような観光名所を巡っているのか、どこで滞在時間が長いのか、迷っている場所はあるのか、貴重なデータが集積できるのではないかと思います。また、札所 34 カ所観音巡りのコースもありますので、『聞き書きマップ』を応用して、巡礼コースを写真付きでマップ化しておけば、多くの利用者にとって便利なツールとして活用できると考えられます。

　以上のように、『聞き書きマップ』には、まさに無限の可能性があると思います。秩父市では、すでに 3 セットの『聞き書きマップ』を消耗品として導入しています。自治体の活動で使用するだけではなく、今後は地域のボランティア活動や防災訓練など、さまざまな活動に無償で貸し出すことも検討しています。活動を続けながら意見をフィードバックしますので、さらなるバージョンアップをしていただくことを期待しています。

（やまだ・しょうご）

7章 よりよい活用のために

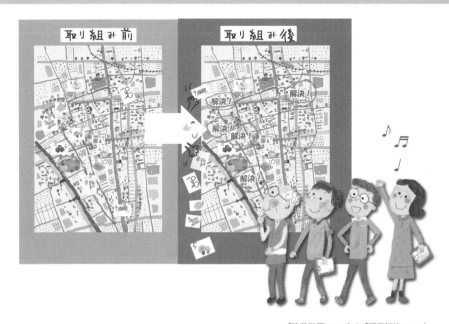

「改善計画マップ」と「問題解決マップ」

『聞き書きマップ』がめざすものは、単なるきれいな地図作りではありません。本章では、『聞き書きマップ』の特徴を生かして、どのように有意義に活用していただけるかについて説明します。

1 改善計画マップと問題解決マップ

　6章で紹介した和光市での安全点検マップ作り活動のなかで、とても印象的だったことがあります。『聞き書きマップ』による安全点検まちあるきに、市民の皆さんとともに、市役所の市民安全担当や施設管理担当

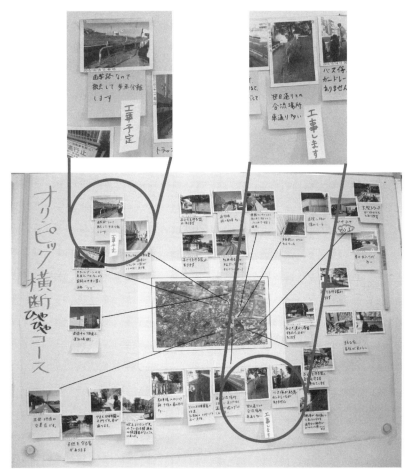

図1　行政の参加で改善計画が具体化
（和光市の例）

の方も参加され、まちあるきで見つかった問題点のいくつかについて、改善のための「工事をします」と、その場で報告されたのです（図1）。

　これは、ほんとうにすばらしいことだと思います。市民の皆さんと行政の方々とが、いっしょに地域を歩き、同じ机を囲んで地図を仕上げ、その共同作業を踏まえて、「これとこれとは私たちの責任で直します」とおっしゃったのです。『聞き書きマップ』を使った安全点検活動の、あるべき理想の姿の一つを、このとき見た思いがしました。

7章　よりよい活用のために　139

これまでにも再三述べてきたとおり、安全点検まちあるきの目的は、きれいな地図を作ることではありません。まちあるきで見つかった問題点を1つ1つ改善する取組みに結びついてこそ、安全な地域作りのために役立つのです。また、そのような取組みは、誰かが誰かに、一方的に「ここが悪いから直すべきだ！」と要求するばかりでは、うまくいかないと思います。さまざまな関係者が、お互いに「顔の見える」共同作業を通じて共通理解を形作っていくことこそ、無理なく持続できる環境改善の取組みの、大切な基盤なのではないかと思います。

『聞き書きマップ』で作る地図は、紙の地図としても、パソコン上の「地図データ」としても活用できます。この特徴を生かして、たとえば、次のようなやりかたで、安全な環境作りの取組みを進めることができると思います。

❶ 最初のまちあるきで、地域の問題の「改善計画マップ」を作る

『聞き書きマップ』で記録した内容は、3章の図1（34ページ）に示したような「カード型一覧」として印刷できます。これらを切り離して作ったカードは、かなりの枚数になるのがふつうです。1回のまちあるきで50枚以上になることも、よくあります。

そこで、これらをすべて地図に貼るのではなく、それぞれのカードの写真やメモを見ながら、皆さんで話し合って、たとえば「重要性や緊急性の高いものから順に10枚」くらいだけを選んで、地図に貼り込むようにしたらどうでしょう。

②▶「改善計画マップ」に基づいて、問題解決の取組みを行う

　こうして「改善計画マップ」ができたら、そこに示された計画に沿って、地域の環境改善の取組みを進めます。目標とする期間(たとえば1年)を決めておき、必要に応じて、取組みの進みぐあいを確認する会合などを、その期間中に何度か行うのも、いい方法だと思います。もし計画より早く解決した問題などがあったら、地図に貼ったカードの上に「解決！」などマークを付けるのも、いいかもしれません。

③▶一定期間後に再度まちあるきして、「問題解決マップ」を作る

　目標に定めた期間が経ったら、前回のまちあるきで記録したデータを再利用して、同じ経路をもう一度歩いてみてはどうでしょう。そして、前回見つかった問題点が今回までにどのように改善されたのかを、『聞き書きマップ』でもう一度記録するのです。

　こうしてできた「問題解決マップ」を、前回作成した「改善計画マップ」と並べて展示すれば、取組みの成果を、誰にでもわかる形で「見える化」することができます。

④▶改善状況を検討しながら継続する

　仮に、改善状況が思わしくない場合にも、『聞き書きマップ』のデータによって、その事実を客観的に示すことができます。それを手がかりとして、これまでの対策を再検討すれば、より効果的な対策を講じるためのヒントが得られるでしょう。こうして、効果を検証しながら取組みを継続し、少しずつレベルアップを図っていくことが、何より大切だと思います。

一度の地図作りだけで息切れしてしまうようでは、このような着実な
レベルアップは望めないと思います。現代の情報技術を賢く使い、手間
暇かけずに誰もが納得できる地図作りが行えるようになることで、「安全
点検マップ」が、地域の環境改善にほんとうに役立つものになるのでは
ないでしょうか。

② 「語り」の記録で、世代間をつなぐ

　『聞き書きマップ』で記録した地域の自治会などの方々の「語り」を聞
き直していると、こうした方々の知識の豊かさに驚嘆することがしばし
ばです。たとえば、3章でも紹介した、初めて『聞き書きマップ』を使っ
て実施したまちあるき（37ページ）の際には、次のような「語り」も記録
されていました。

　「今私が立っているところは、通称○○みちという、○○地区を通って
いる道ですが、この交差点は△△みちと交差しております。

　写真でもわかるように右側の見通しが悪いために、大きな事故がよく
ここで発生している所です。カーブミラー等は両サイドが確認できるよ
うに設置されておりますが、どうしてもドライバーの方は徐行をしない
で、出会い頭に接触するという事故の場所になっております」。

　失礼ながら、この録音を自分で「聞き書き」しながら、私はこう感じ
ていました。

　「このおじいちゃん、すごい！」

コラム！

「お宝」マップと「そっと直そう」マップ

　楽しい所を探してまちあるきをしているところでも、そのなかで、「ちょっと待てよ？」という、気になる点や危ない場所が見つかることは、よくあるものです。そんなときには、「楽しい所」を撮影した写真と、「危ない所」を撮影した写真を、別々のフォルダに分けて保存したらどうでしょう。

　『聞き書きマップ』は、1つのフォルダに入っている写真しか認識しませんから、こうしてフォルダを分けることで、それぞれ別の地図を作ることができるのです。そうすれば、楽しい所だけを示した地図を、地域の「お宝」マップとして、ウェブページなどで広く公開し、危ない所を示した地図は、たとえば地元の関係者だけで共有して、見つかった危険をなくす取組みの素材としての「そっと直そう」マップにすることができると思います。

❶ 無理なく漏れなく、語りを記録

　これほど充実した「語り」を、その場でメモに書き取ることは、ほとんど不可能です。また、メモ書きが追いつかず、「ちょっと待ってください」とか「もう一度話してもらえませんか」とか言って、せっかくの話の腰を折ってしまっては、語り手に対して失礼ですし、下手をすると、「あれ、今何を話そうとしてたんだっけ？」などということになりかねません。

　『聞き書きマップ』を使えば、このような「語り」を、無理なく、漏れなく記録することができます。『聞き書きマップ』の録音が、最初にICレコーダーをONしてから最後にOFFするまで、途切れることなく連続しているからです。

　第5章のコラム「ピンときたら、即シャッター」（82ページ）でも述べたように、まちあるきの最中に、誰かが面白い話を始めたと思ったら、すぐ話し手に近づき、カメラを下に向けてシャッターを切ります。こう

図2　「地域をよく知る年配者」の語りの例

しておけば、後で『聞き書きマップ』からその写真を選ぶことで、その話のあたりに音声がジャンプするので、それを聞きながら、マイペースで「メモ欄」にその内容を「聞き書き」することができます。

このように、語り手には「無理なく」、聞き手にとっては「漏れなく」、肉声による「語り」を記録できることが、『聞き書きマップ』の大きな利点だと思います。

②▶ 世代間の役割分担で、後継者育成も

この利点を生かすためにも、『聞き書きマップ』を使ったまちあるきでは、地元を熟知した年配の方と、パソコンなどに強い若手の方とでコンビを組んでいただくのが、いいやり方だと思います。そして、年配の方には主に「語り手」役、若手の方には、主に「聞き（書き）役」をやっていただくのです。

このような世代間の役割分担によって、年配の方々の「語り」を、若い世代の人々が「聞き書き」して記録するしくみができれば、すばらしいと思います。その作業を通じて、平素から通学路の見守りなどを続けておられる年配の方々が、どれほど地域を愛し、子どもたちを愛し、親身になって地域の安全確保に取り組んでおられるかが、若い世代の人々にも実感できるはずだと思うからです。

また、互いの長所を生かした分担と協働によって、世代を超えた尊敬と信頼の意識も育まれると思います。そのことが、ひいては地域の安全確保の取組みを担う「後継者」の育成にもつながるのではないでしょうか。

③ 「地域の知」の収集・入力システムへ

　地元をよく知る方の「語り」を記録することには、さらに大きな社会的意義もあります。そうした方々の日々の取組みを通じて蓄積されてきた「経験知」を、他の人々にも広く伝え、後世にまで引き継がれるものにするという意義です。

　先の東日本大震災の際に、東北地方のある村では、古い石碑に刻まれた「ここより下に家を建ててはならない」との銘文の教えを守ってきたことで、今回の津波による住民の被害が最小限にとどまったそうです。このような、地域に根差した先人の知恵は、「地域の知」と呼ばれ、近年、大きな注目を集めています。

　このことを端的に示すものの一つが、日本学術会議地域研究委員会の提言書「『地域の知』の蓄積と活用に向けて」（2008 年 7 月 24 日）です。そのなかでは、今日の多種多様な社会問題の解決のために、「地域に生きる人々が育んできた情報、知識、知恵を含む『地域の知』を……（中略）……有効に活用することが不可欠である」と指摘されています。

　身近な地域の安全点検活動などから得られた知識や経験は、この提言書の言う「断片的で、共有化されず、時の流れとともに失われて」しまいがちな情報の一つではないかと思います。『聞き書きマップ』は、地域の方々の自然な「語り」を、無理なく・漏れなく記録できますから、この提言書に示された「『地域の知』の共有プラットフォーム」のためのデータ収集・入力システムとしての役割を担うことができるに違いないと、私は考えています。そうすれば、地域の皆さんによる自主パトロールなどの日々の活動が、そのまま「地域の知」の発掘・記録・蓄積にもつながるはずです。

　さらに、地域の「古道」の探索や、地名などにまつわる言い伝えの記録なども、『聞き書きマップ』を使って、効率よく進められると思いま

す。それによって、地域の歴史や伝承を後世に残せるばかりでなく、新たな観光資源として活用できるかもしれません。また、年配の方や障がいのある方に付き添いながら、その行動や言葉を記録していけば、まちのどこにどのような「バリア」があるかを、強い説得力をもって示すことができると思います。

もう一つ、『聞き書きマップ』を使って、ぜひとも今取り組むべきだと思うことがあります。それは、先の戦争の記憶の記録です。私の両親も戦争体験世代ですが、父はすでに他界し、母も当時の記憶はすっかり薄れています。父母が若い頃に語っていた「戦時」の暮らしやさまざまな体験などを、きちんと記録できなかったことが悔やまれてなりません。こうした記憶を記録するために、残された時間はわずかだと思います。あの戦争の惨禍を繰り返さぬためにも、その時代を生きた方々の証言を残さねばならないと思うのです。

今後に向けて、ぜひこのような、さまざまな応用の可能性を探り続けたいと考えています。

③「子どもの被害防止ツールキット」をめざして

私たちは現在、『聞き書きマップ』のもとになった考え方をさらに推し進め、子どもを狙った犯罪の被害防止を総合的に支援する「子どもの被害防止ツールキット」の実用化をめざして、研究開発を進めています。

この「子どもの被害防止ツールキット」は、『聞き書きマップ』を一つの核とし、これと組み合わせて用いる「危険なできごとカルテ」、および「WebGIS サイト」で構成されています。これらはそれぞれ、次のようなものです。

7章　よりよい活用のために　147

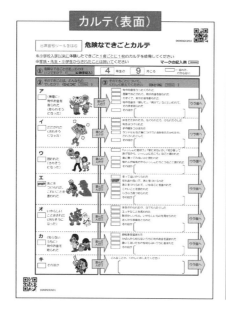
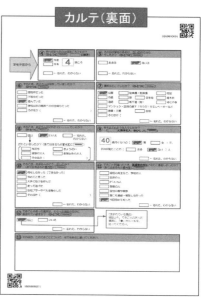

図3　QRコード対応版「危険なできごとカルテ」
(記入内容は架空のもの)

❶ QRコード対応版「危険なできごとカルテ」

「危険なできごとカルテ」は、子どもを狙った重大な犯罪の「前兆」かもしれないできごとを、できるだけ早期に把握し、客観的に記録するための記録票です（図3）。

子どもの連れ去りなどの事件が起こるたびに、それに先立って、さまざまな「前兆」的なできごとがあったことが報道されます。しかし、これらのできごとが、いわば「後知恵」のように報じられるばかりでは、被害の未然防止には役立ちません。その発生をいち早く察知し、「先制・予防的」な対策につなげることが必要なのです。「危険なできごとカルテ」は、それを支援することを目的に開発したものです。

この「危険なできごとカルテ」の特色は、たとえば「不審者」や「声かけ」などのような、あいまいな言葉を避け、「あとをつけられた」「車

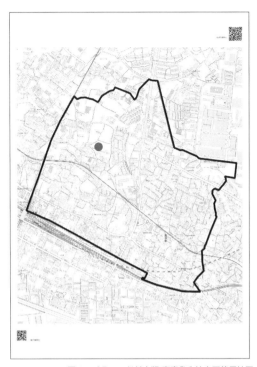

図4　QRコード対応版 事案発生地点回答用地図
（記入内容は架空のもの）

に乗らないかと誘われた」など、具体的な行為によって、危険なできごとを記録する形になっていることです。また、できごと1件ごとに1枚の「カルテ」を使い、まず表面に示した7つの類型（ア～キ）のどれかに該当するできごとがあったかどうかを尋ね、該当する経験があった人だけに、その内容などを詳しく尋ねるという2段階の構成にすることで、回答の手間が最小限になるようにしています。

　さらに、別紙の地図に赤丸のシールを貼ることで、できごとの起こった場所も示してもらえるようにしてあります（図4）。

　私たちが今取り組んでいるのは、これらの「カルテ」や回答用地図を、スキャナで自動読み取りできるようにすることです。その方法は、図3や図4に示したとおり、「カルテ」や回答用地図の右上・左下に「QR

7章　よりよい活用のために　149

コード」を追加し、そのなかに、自動読み取りに必要な情報をあらかじめ記録しておくというものです。

　たとえば、回答用地図の右上に印刷された QR コードには、その地図画面の右上隅・左下隅の地点に相当する緯度経度の座標値が記録されています。スキャナで取り込んだ画像からその情報を読み取り、それに基づいて、地図の上に貼った赤丸シールの位置を、緯度経度の座標値に変換することができるのです。また、回答用地図と「カルテ」との対応関係や、「カルテ」の表面・裏面の区別なども、それぞれに印刷された QR コードの記録に基づいて、自動認識することができます。「カルテ」に記入された回答も、センター試験などで広く使われている「マークシート方式」の手法で、自動認識できるようになる見込みです。

　このしくみが完成すれば、近い将来、大きな事件などの前兆かもしれないできごとを、学校現場などでいち早く察知し、先手を打った対策につなげることができるだろうと考えています。

②「WebGIS サイト」

　『聞き書きマップ』や「危険なできごとカルテ」などのツールを現場で実際に使っていただくためには、いくつか補助的なデータなどが必要になる場合があります。たとえば、『聞き書きマップ』で表示される地図は、通常はインターネット経由で利用できる無料の地図データや衛星写真を使っているのですが、ときには、インターネットに接続できない現場で使いたい場合もあります。そんな場合には、私たちの WebGIS サイトから、事前に「位置座標付きの地図画像」をダウンロードしていただき、それを背景地図にすることで、インターネットにまったく接続できない現場でも、『聞き書きマップ』を使っていただくことができます。

　また、QR コード版の「危険なできごとカルテ」や回答用地図は、1

セットごとに固有の QR コードを印刷する必要があるため、1 つの PDF ファイルなどをダウンロードして必要部数を印刷するといった使い方ができません。そこで、現在、この WebGIS サイトに、QR コード付きの「カルテ」や回答用地図を直接印刷できる機能を追加する計画で、準備を進めています。

❸ 統合的運用で被害防止ツールを現場に届ける

これらの機能を WebGIS サイトに実装することで、このサイトと『聞き書きマップ』や「危険なできごとカルテ」などとが連携し、統合的に運用できるようにする計画です。これが、私たちがめざす「子どもの被害防止ツールキット」の全体像です。その完成イメージを図5に示します。

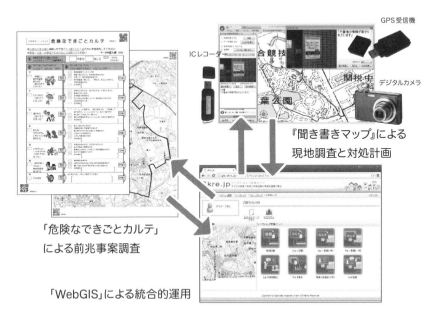

図5　「子どもの被害防止ツールキット」の完成イメージ

7章　よりよい活用のために　151

これが完成すれば、⑴「危険なできごとカルテ」による前兆的できごとの把握、⑵『聞き書きマップ』を使った現地調査による対処計画の立案と実行、⑶この過程自体のデータ化による経験の蓄積と持続的改善という、科学的で合理的な子どもの被害防止のしくみを作ることができると思います。とくに大切なのは、これらのしくみが、どれも「現場で実行できる」ものであることです。

　本書でこれまで述べてきたとおり、『聞き書きマップ』のソフトウェアは、私たちの研究成果公開サイト（http://www.skre.jp）から無料でダウンロードして使っていただけます。QR コード対応版の「危険なできごとカルテ」や「回答用地図」も、WebGIS から直接印刷できるように準備中です。そのほかのハードウェア・ソフトウェアも、導入や維持に必要な経費をギリギリまで抑え、行政などからの貸し出しが可能なものにする計画です。そして、これらのどれもが、「現場に今ある」パソコン・プリンタ・スキャナなどの機器で使えるようにすることをめざしています。こうすることで、私たちのような研究者がいちいちお手伝いしなくても、取組みの現場ですべてを実施できるシステムが、はじめて実現すると考えています。

4 今こそ「科学の言葉」を共通語に

　本書で紹介してきた『聞き書きマップ』や、それをさらに発展させた「子どもの被害防止ツールキット」の開発を通じて、私たちがめざしつづけてきたものがあります。それは、「科学の言葉」を、子どもの被害防止に取り組むすべての方々にとっての「共通語」にすることです。

　犯罪の被害に限らず、何かを「未然に防ぐ」のは、なかなか困難なことです。しかし、病気の予防に関しては、「予防医療（preventive medicine)」という考え方がすでに確立しています。本書の 2 章でも説明

152　第2部　使ってみよう！

したとおり、たとえば、いわゆる「生活習慣病」についても、早い時期にその「危険因子」（リスクファクタ）についての診断を行い、その程度に応じた段階的な介入を行うことが、すでに常識になっています。犯罪問題に関しても、これと同じように科学的な考え方や、それを踏まえた実践が、ぜひとも必要だと思うのです。

犯罪の被害を防ぐ取組みが実効性を持つためには、多くの関係者の知恵と力を結集することが必要不可欠です。立場も経験も異なった多くの人々の力を結集するためには、誰もが納得できる「科学的な根拠」にもとづいて実践を進めることが、何よりも重要だと考えられます。

市民の皆さんが主体となった犯罪の被害防止の取組みは、今、一つの転機にさしかかっていると思います。このようなときこそ、犯罪問題の研究者と、取組みの現場の実践主体とが新たな形で連携し、いわば次世代型の取組みを実現していくことが必要ではないでしょうか。

そうした取組みを推し進め、犯罪によって理不尽な苦しみを受ける人を一人でも減らせるように、「科学の言葉」を、被害防止の取組みの共通語にすることを目標に、さらに力を尽くしたいと考えています。

おわりに

　本書をお読みいただき、ありがとうございます。

　『聞き書きマップ』を初めて公開してから、早いもので、もう6年になります。今あらためて振り返っても、よくここまで続いてきたものだと思います。その一方で、『聞き書きマップ』が少しずつ成長し、実用品に近づけば近づくほど、さらに新たな問題や予想外の困難に直面することが多くなる気もします。

　しかし、それらを一つ一つ乗り越え続けることが、本物の実用品を社会に届けるための必要条件だと思っています。その意味で、『聞き書きマップ』は、つねに「発展途上」なのであり、そうあることで初めて、「『聞き書きマップ』はここが違う」と、胸を張って言い続けられるのだと思います。

　本書の作成にあたっては、多くの方々にお世話になりました。とくに、待ったなしの現場に向き合うかたわら6章にご寄稿くださった、田中北小学校の吉田徳子先生、NPO法人こども・みらい・わこうの待鳥美光様、NPO浦安防犯ネットの村瀬恵子様、厚木市役所の上野進様、秩父市役所の山田省吾様には、あらためて心からお礼を申し上げます。

　また、青山学院大学地球社会共生学部で、私の非常勤講師としての担当科目「応用空間情報学Ⅲ」を受講してくれた学生諸君には、本書の草稿を、「クリティーク」（論文などを読んで批判的に検討すること）の宿題として読んでもらい、多くの貴重なコメントを返してもらいました。

㈱現代人文社の木野村香映さんには、本書の企画段階から親身なご助言や励ましをいただき、時間管理能力の欠如した私のペースメーカーとして、本書を刊行にまで導いていただきました。

　あとお一人、本書にとってかけがえのない恩人をご紹介させてください。本書の表紙カバーや本文中の随所に掲載されている、暖かくかわいらしいイラストを描いてくださった、関崎紀子（せきざき・のりこ）さんです。関崎さんはフリーのイラストレーターとして活躍されていたのですが、昨年、ご病気で逝去されました。

　関崎さんには、これまでに私たちの作成した手引き書やマニュアル類、成果物公開サイトなどのイラストを、常にご担当いただいておりました。その柔らかなタッチの絵が、私自身も大好きでした。ほんとうに残念でなりません。

　本書の表紙カバーのイラストは、その関崎さんの「遺作」とも言うべきものです。謹んでご冥福をお祈りするとともに、私たちの取組みの象徴ともなっている多くの愛らしいイラストを残してくださったことに、心からお礼を申し上げたいと思います。

　多くの方々の支えによって実現した本書の刊行が、「科学が支える子どもの被害防止」に向けた一つのきっかけとなることを、切に願っています。

2017 年 8 月 11 日
原田 豊

◎ 編著者プロフィール

原田 豊 （はらだ・ゆたか）
／科学警察研究所 犯罪行動科学部 犯罪予防研究室　特任研究官

1956年（昭和31年）大阪市に生まれる。学術博士（犯罪学）。専門は犯罪社会学。79年東京大学文学部社会学専修課程を卒業、科学警察研究所に入所。86年8月から2年間、フルブライト奨学生として米国ペンシルベニア大学犯罪学・刑法研究所に留学。留学中に書いた研究論文 "Modeling the Impact of Age on Criminal Behavior: an Application of Event History Analysis" が、日本人としては初めてアメリカ犯罪学会の最優秀学生論文賞を受賞。2000年8月にペンシルベニア大学から博士号を取得。科学警察研究所犯罪予防研究室長を経て2004年から16年3月まで犯罪行動科学部長を務め、定年退職後現職。犯罪・非行の経歴の縦断的分析、GISを用いた犯罪の地理的分析など、先進的な手法による実証的犯罪研究に取り組むとともに、防犯まちあるき支援ツール『聞き書きマップ』の作成と公開などを通して、研究成果の市民への還元に努めている。

◎ 6章執筆者プロフィール

吉田徳子 （よしだ・とくこ）
／柏市立田中北小学校　校長

1962年（昭和37年）生まれ。著作に、雑誌『児童心理』金子書房「勉強がわからない子・にがてな子」がある。また、雑誌『道徳教育』明治図書「「予想外」をチャンスに変える秘訣」等、道徳関係書籍多数。

待鳥美光 （まちどり・よしこ）
／NPO法人こども・みらい・わこう　事務局

1956年（昭和31年）生まれ。2006年の設立から2011年3月まで事務局長を務め、2011年4月から現在まで和光市議会議員を務める。

村瀬恵子 （むらせ・けいこ）
／NPO浦安防犯ネット代表

日本市民安全学会理事・警察政策学会・日本医療マネジメント学会・日本鍼灸師会会員・浦安市安全安心まちづくり推進協議会副委員長・浦安市介護保険認定審査委員・東京医薬専門学校評価委員・ベイエリア連携の会事務局に所属。我孫子市福祉作業所指導員を経て、鍼灸資格取得後八箇宿整形外科内科勤務、1991年4月より葛西昌医会病院に勤務、医療支援課地域連携室担当課長として現在に至る。著作に、『医療アドミニストレーター』、『医事業務』、『地域連携 入退院と在宅支援』日総研など。

上野進 （うえの・すすむ）
1980年（昭和55年）生まれ。厚木市協働安全部セーフコミュニティくらし安全課セーフコミュニティ推進係にて主任を務める。

山田省吾 （やまだ・しょうご）
1966年（昭和41年）生まれ。秩父市産業観光部企業支援センターにて所長を務める。

『聞き書きマップ』で子どもを守る
科学が支える子どもの被害防止入門

2017年9月12日　第1版第1刷発行

編著者　原田豊
発行人　成澤壽信
編集人　木野村香映
発行所　株式会社 現代人文社
　　　　東京都新宿区四谷2-10 八ッ橋ビル7階 (〒160-0004)
　　　　Tel.03-5379-0307 (代)　Fax.03-5379-5388
　　　　henshu@genjin.jp (編集部)　hanbai@genjin.jp (販売部)
　　　　http://www.genjin.jp/
発売所　株式会社 大学図書
印刷所　シナノ書籍印刷株式会社
装　幀　MalpuDesign (宮崎萌美)
本文デザイン　MalpuDesign (柴﨑精治)
検印省略　Printed in JAPAN
ISBN978-4-87798-678-0 C3037
ⓒ 2017　原田豊

本書の一部あるいは全部を無断で複写・転載・転訳載などをすること，または磁気媒体等に入力することは，法律で認められた場合を除き，著作者および出版者の権利の侵害となりますので，これらの行為を行う場合には，あらかじめ小社または編者宛てに承諾を求めてください。